簡単！
長持ち！
節約！

ひと目でわかる！
食品保存事典

島本美由紀

講談社

ひと目でわかる！ 食品保存事典 ── 簡単！ 長持ち！ 節約！

おいしく長持ち　保存マニュアル

食品がおいしく長持ち！　目からウロコの**新・保存術** ……… 6
おいしく長持ちは買い物から　食品をムダにしない**買い物のルール** ……… 8
どこに入れるかすぐわかる　適温適所の**保存ルール** ……… 10
食品のおいしさを守る**保存テク** ……… 12
手軽に使えるものばかり！　おいしく保存**アイテム** ……… 14

葉野菜

白菜 ……… 16	グリーンアスパラ ……… 26
キャベツ ……… 18	ブロッコリー ……… 27
水菜 ……… 20	三つ葉 ……… 28
春菊 ……… 21	大葉（青じそ） ……… 28
青梗菜 ……… 21	玉ねぎ ……… 29
にら ……… 22	長ねぎ ……… 30
ほうれん草・小松菜 ……… 23	青ねぎ（万能ねぎ） ……… 31
レタス／サニーレタス ……… 24	**一つにまとめて冷凍すると便利！**
セロリ ……… 26	**ミックス葉野菜** ……… 31

実野菜

トマト／ミニトマト ……… 32	いんげん ……… 40
きゅうり ……… 34	しし唐 ……… 41
なす ……… 35	オクラ ……… 41
ピーマン ……… 36	ズッキーニ ……… 42
パプリカ ……… 37	冬瓜 ……… 42
スナップエンドウ・絹さや ……… 38	ゴーヤー ……… 43
そら豆 ……… 39	とうもろこし ……… 44
一つにまとめて冷凍すると便利！	かぼちゃ ……… 45
ミックス夏野菜 ……… 39	**一つにまとめて冷凍すると便利！**
	ミックス実野菜 ……… 45

根野菜

大根 ……… 46	さつま芋 ……… 49
かぶ ……… 47	じゃが芋 ……… 50
にんじん ……… 48	里芋 ……… 50
ごぼう ……… 48	山芋・長芋 ……… 51
れんこん ……… 49	**一つにまとめて冷凍すると便利！**
	ミックス根野菜 ……… 51

発芽野菜

- もやし …………………… 52
- かいわれ ………………… 53
- 豆苗 ……………………… 53

きのこ

- しいたけ ………………… 54
- しめじ …………………… 55
- えのき …………………… 55
- マッシュルーム ………… 56
- エリンギ・まいたけ …… 56
- なめこ（真空パック）…… 57

一つにまとめて冷凍すると便利！
ミックスきのこ ………… 57

薬味・ハーブ

- しょうが ………………… 58
- にんにく ………………… 59
- わさび …………………… 59
- みょうが ………………… 60
- かぼす・すだち ………… 60
- 柚子 ……………………… 61
- クレソン ………………… 61
- パセリ …………………… 62
- パクチー（香菜）………… 62
- 西洋ハーブ ……………… 63

ドライハーブにしておけば便利！
ドライハーブ …………… 63

果物

- いちご …………………… 64
- ブルーベリー …………… 65
- キウイ …………………… 65
- オレンジ・
  　グレープフルーツ ……… 66
- みかん …………………… 67
- さくらんぼ ……………… 68

一つにまとめて冷凍すると便利！
ミックスベリー ………… 68

- 桃 ………………………… 69
- ぶどう …………………… 69
- りんご …………………… 70
- なし ……………………… 70
- 柿 ………………………… 71
- 栗 ………………………… 71
- バナナ …………………… 72
- スイカ …………………… 72
- メロン …………………… 73
- パイナップル …………… 73
- マンゴー ………………… 74
- アボカド ………………… 74
- レモン …………………… 75

肉

鶏
- 鶏むね肉 …… 76
- 鶏もも肉 …… 77
- 鶏挽き肉 …… 78
- ささみ …… 79
- 手羽元・手羽先 …… 79

豚
- 豚ブロック肉 …… 80
- 豚厚切り肉 …… 81
- 豚薄切り肉 …… 82
- 豚挽き肉 …… 83

牛
- 牛ブロック肉 …… 84
- 牛ステーキ肉 …… 85
- 牛角切り肉 …… 85
- 牛薄切り肉 …… 86
- 牛挽き肉・合い挽き肉 …… 87

- ハム・ベーコン …… 88
- ソーセージ …… 89

魚介

- 一尾魚 …… 90
- 干物 …… 91
- 切り身 …… 92
- 刺身 …… 93
- えび …… 94
- いか …… 94
- たこ …… 95
- あさり …… 95
- いくら …… 96
- たらこ・明太子 …… 96
- しらす・ちりめんじゃこ …… 97
- 魚肉練り製品 …… 97

加工食品

- 豆腐 …… 98
- 納豆 …… 98
- 油揚げ …… 99
- 厚揚げ（生揚げ） …… 99
- おから …… 100
- こんにゃく・しらたき …… 100
- 餃子の皮・春巻きの皮 …… 101
- 酒粕 …… 101
- キムチ …… 101

卵・乳製品

- 卵 …… 102
- ヨーグルト …… 102
- 牛乳 …… 103
- 生クリーム …… 103
- チーズ …… 103

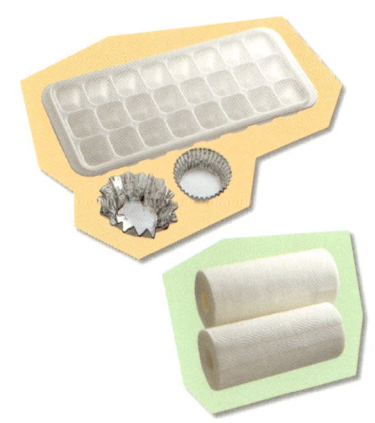

主食

- 精米 ……………… 104
- ごはん …………… 105
- 食パン・バターロール … 106
- フランスパン・ベーグル … 107
- 菓子パン・惣菜パン …… 107
- 切り餅 ……………… 108
- 中華まん・ホットケーキ … 108
- 生麺・ゆで麺 ……… 109
- 乾麺 ………………… 109

乾物

- 切り干し大根 …………… 110
- ひじき …………………… 110
- かんぴょう ……………… 111
- 高野豆腐（凍み豆腐）…… 111

小分け冷凍しておくと便利！
お惣菜カップ ……………… 111

- 焼き麩・車麩 …………… 112
- わかめ …………………… 112
- 干しえび ………………… 112
- 干ししいたけ …………… 113
- かつお削り節 …………… 113
- だし昆布 ………………… 113
- 煮干し …………………… 114
- 春雨 ……………………… 114
- 焼き海苔 ………………… 114
- ごま ……………………… 115
- 乾燥豆 …………………… 115
- ナッツ類 ………………… 115

調味料

- 塩 …………………… 116
- 砂糖 ………………… 116
- はちみつ …………… 117
- 醤油 ………………… 117
- 味噌 ………………… 117
- 塩麹 ………………… 118
- 酢 …………………… 118
- みりん ……………… 118
- 料理酒 ……………… 118
- めんつゆ …………… 119
- マヨネーズ・ケチャップ … 119
- 柚子胡椒 …………… 119
- ソース ……………… 120
- ドレッシング ……… 120
- 油 …………………… 120
- バター ……………… 121
- スパイス …………… 121
- 小麦粉・片栗粉 …… 121
- パン粉 ……………… 121

その他

- 茶葉 ………………… 122
- コーヒー …………… 122
- 和菓子 ……………… 123
- 洋菓子 ……………… 123
- クッキー・せんべい …… 123
- ペットボトル飲料 …… 124
- 缶詰 ………………… 124
- ビン詰食品 ………… 124
- カップ麺 …………… 125
- ルウ ………………… 125
- レトルト食品 ……… 125
- 冷凍食品 …………… 125

索引（五十音順）……………… 126

食品がおいしく長持ち！
目からウロコの新・保存術

簡単なのにこんなに違う！　驚きの実験結果

　みなさんは、にらが余ったらどのように保存をしていますか？　レモンを輪切りにして残った分をどうしていますか？　ラップに包んで冷蔵庫にしまっておいたけど、いつの間にかむき出しになって乾燥していた……。野菜から出てきた水分で腐っていた……など、おいしく保存できずに、残念な結果になっていなかったでしょうか？

　鮮度や風味を保ちたい野菜、肉、魚などの生鮮食品の保存は、"ちょっとした"時間やひと手間で、あとあと大きな差がついてきます。保存の仕方でどう変わるのかをにらとレモンを使って実験した結果が、下の写真です。この本で紹介する保存術を実践すると、そのまま冷蔵保存したときと比べ、鮮度に驚くほどの差が！　どちらがひと手間かけて保存したのか一目瞭然ですよね。食品にはそれぞれ適した保存方法があるので、ただラップに包めばオッケーというものではないのです。

おいしく保存ラボ　1週間でこんなに差が！

にら

- そのまま保存　Bad...
  しなびて、部分的に溶けている。変色やにおいもある。 
- カット＋水につけて保存　Good!
  シャキッとして張りがあり、切り口からのにおいもなし。

レモン

- そのまま保存　Bad...
  切り口が乾燥して、ひとまわり小さくなっている。 
- 水を入れたグラスで保存　Good!
  切り口もみずみずしく、色も鮮やかなまま！

鮮度もおいしさも段違い！　冷凍保存も驚きの結果に

　冷蔵よりも断然長持ちするのが冷凍保存です。でも、冷凍庫の奥から霜がついた食品が出てきたり、冷凍＆解凍した肉や魚がおいしくなかったりするとがっかりしますよね。"冷凍＝おいしくない"というイメージを抱いているなら、この本で、冷凍保存の基礎や解凍のコツをしっかりマスターしてください。

　おいしく冷凍保存するコツは、賞味期限がもうすぐだから逃げ場として凍らせるのではなく、新鮮なものを空気に触れないようにしっかりと密閉して保存すること。そして、おいしく解凍する方法は、低温でゆっくり解凍することです。

　下の写真は、保存の仕方でどう変わるのかを実験した結果です。こちらも、冷蔵保存と同様に、鮮度に驚くほどの差が！　正しく冷凍保存＆解凍をすれば、鮮度もおいしさも段違いです。

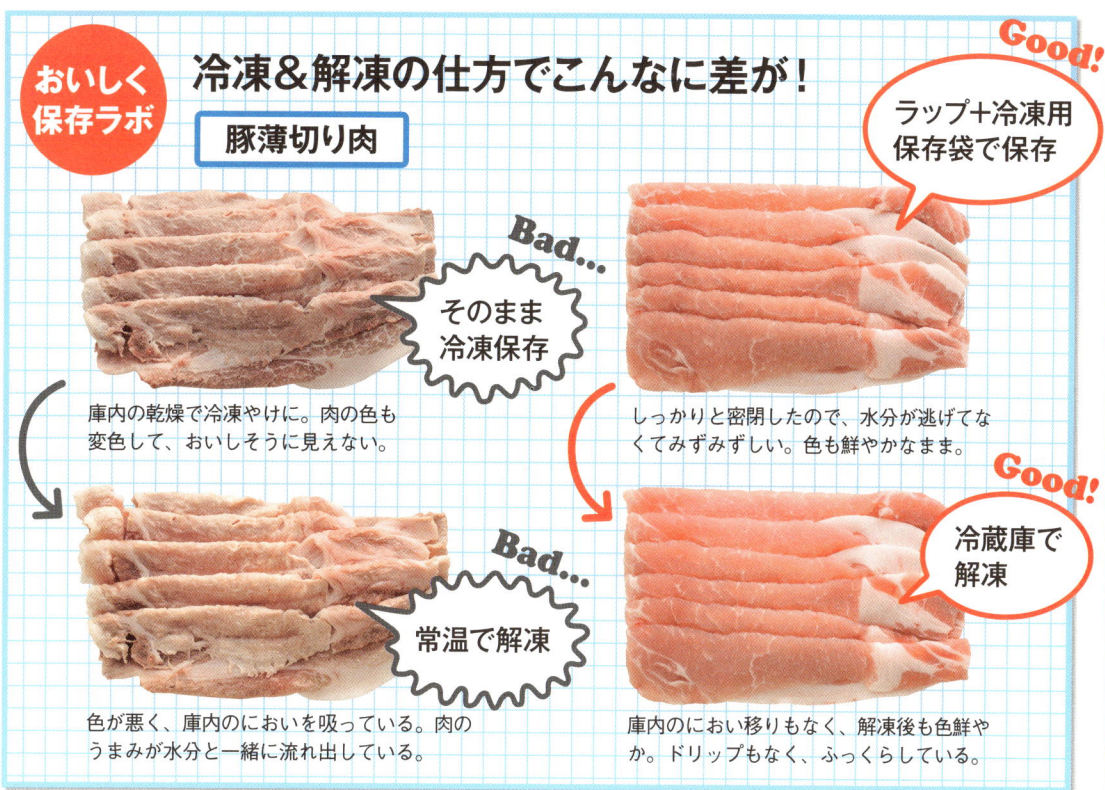

おいしく保存ラボ　冷凍＆解凍の仕方でこんなに差が！

豚薄切り肉

- そのまま冷凍保存（Bad...）：庫内の乾燥で冷凍やけに。肉の色も変色して、おいしそうに見えない。
- 常温で解凍（Bad...）：色が悪く、庫内のにおいを吸っている。肉のうまみが水分と一緒に流れ出している。
- ラップ＋冷凍用保存袋で保存（Good!）：しっかりと密閉したので、水分が逃げてなくてみずみずしい。色も鮮やかなまま。
- 冷蔵庫で解凍（Good!）：庫内のにおい移りもなく、解凍後も色鮮やか。ドリップもなく、ふっくらしている。

ひと手間で時間とお金の節約に！

　まとめ買いした食材をおいしく長持ちできたら、時間とお金の節約になります。この本では、野菜、肉や魚といった生鮮食品が、保存のしかたで鮮度にどれだけ差が出るかを"実験"で確かめながら、200の食材・食品をおいしく長持ちさせる方法を紹介していきます。"保存術"といっても、今までやってきたことをほんの少し変える、ちょっとひと手間加えるくらいの簡単なこと。特別な道具も、高性能な冷蔵庫も必要ないので、ぜひ試してみてください。

おいしく長持ちは買い物から
食品をムダにしない買い物のルール

多めに購入した野菜や食べきれずに残しておいた食品など、気づいたら冷蔵庫の奥でダメになっていた……、そんな経験はありませんか？ また、今ある食材や、使いかけの食材を無視して新たに買い足したことで、ダブリ買いをしてしまったり、収納スペースが足りずに棚からあふれ出たり。買い物は冷蔵庫や収納棚とも結びついているので、買うときからしまうことも考えなければなりません。まずは間違った買い物のしかたをしていないか、見直しをしていきましょう。

ルール① 買い物の前に在庫チェックをする

今ある食材や、使いかけの食品を無視して新たに買い足せば、当然使い切れません。買い物の前に必ず在庫チェックをしましょう。ストックがあるのに同じものを買ってしまう「ダブリ買い」が防げるだけでなく、買うものを事前に決める習慣がつくことで、衝動買いを防ぐこともできるので、節約にもつながります。また、今何があるのかも把握できるので、献立が浮かびやすくなります。

ルール② 必要な量だけ買う

我が家の適正量を把握して、必ず食べ切れる量だけを買うようにしましょう。例えば、輸入食材を扱うスーパーなどで、食べ切れない量の食材を購入していませんか？ ひとつひとつが大容量なのはお得でうれしいのですが、使い切る前に賞味期限が切れてしまっては意味がありません。そして、冷凍できる肉や魚は、おいしく食べ切れる期間が１ヵ月だということも頭に入れ、必要な量だけを買うようにしましょう。

ルール③ 肉や魚、野菜は新鮮なものを選ぶ

「見切り品！ もやしが２袋30円」「お刺身半額！」などという言葉に飛びついていませんか？ 買わないと損したような気分になってしまうのはわかるのですが、見切り品は食材が古いので、保存してもおいしくいただけません。おいしく長持ち保存をしたいなら、肉や魚、野菜は新鮮なものを選ぶようにしましょう。見切り品を買うなら、今日、明日で食べ切れるか、献立に予定しているものだけを購入するようにしましょう。

ルール④ 食品表示で確認して、開封後は早めに食べる

食品を購入するときは、パッケージに記載された「食品表示」を必ずチェック！「賞味期限」や「消費期限」だけでなく、記載されている保存方法も確認して、正しく保存することで食品の鮮度や風味を保ち、おいしくいただきましょう。

米・アイスクリーム・ガム・砂糖・塩など、一部の食品には、賞味・消費期限の義務がないものも。ただし長期保存ができても、風味や色に変化はあるので、なるべく早めに食べ切りましょう。

食品表示の読み方
※表示は未開封の場合、開封後の保存方法や期限については自己判断となります。

消費期限（生鮮食品や加工食品など日持ちしない食材や食品）
期限を過ぎたら食べないほうがよい。開封前の期限を表しており、一度開封したら期限にかかわらず早めに食べる。

原材料
原材料が1種類の場合は省略可。添加物の表示が免除される食品もある。

保存方法
開封前の保存方法。品質を保ち、安全に食べるための表示。開封後の保存方法が併記される場合も。

```
名      称：加熱加工食肉製品（加熱後包装）
消費期限：平成〇〇年〇〇月〇〇日
原 材 料：豚肉、食塩、砂糖、香辛料、
          リン酸塩（Na）、カゼインNa、
          酸化防止剤、発色剤
内 容 量：500g
保存方法：10℃以下で保存
製造者氏名：〇〇ミート株式会社
製造所所在：東京都文京区音羽2-12-21
```

賞味期限
（缶詰、カップ麺など日持ちのよい食品）
表示された保存方法に従って未開封で保存したときに、おいしく食べることができる期限。この期限を過ぎても、もう食べられないということではないが、開封後は、なるべく早く食べる。期限が3ヵ月を超えるものは年月で、3ヵ月以内のものは年月日で表示。

野菜には保存方法や期限は表示されない
野菜や果物は、店頭で「産地」、商品のラベルに「産地」「内容量」「生産者」が表示される。温度や場所など保存方法について表示されていないものは、通常は常温保存が可能。購入後は、食材・食品の性質や状態、季節によって常温か冷蔵庫で保存する。

[野菜のラベル表示]

ほうれん草　〇〇県産
内容量　50g
（株）〇〇〇
〇〇県〇〇市

おいしく長持ち 保存マニュアル ● おいしく長持ちは買い物から 食品をムダにしない買い物のルール

ルール⑤ できるだけ「早く」、その日のうちに実行！

買い物から帰ったあと、みなさんはまず何をしますか？　スーパーの特売日でつい多めに買った野菜や肉など、大きな袋をいくつも抱えて家に戻るとぐったりして、まずはコーヒーブレイクといきたいところでしょうか。でもコーヒーをいれるのはちょっと待って。せっかく安く購入した食材も、コーヒーを飲んでいる間に、鮮度がどんどん落ちていってしまいます。購入したらすぐ、新鮮な状態の時に正しく保存しましょう。新鮮なときに保存をしたほうが、食材も長持ちしておいしく食べ切ることができます。

どこに入れるかすぐわかる 適温適所の**保存ルール**

常温 15〜25℃を保つ、直射日光が当たらない場所で保存する

「常温保存」とは、一年を通して15（冬季）〜25℃（夏季）で一定の温度帯を保つ場所で保管すること。「冷暗所で保存」という表示がある場合は、常に常温以下（外気を超えない温度帯）で、直射日光が当たらない、通気性のよい場所で保管するという意味。家庭では、冷暗所としてふさわしいのは「冷蔵庫のドアポケットや野菜室」、食品によっては食品庫や食器棚などでも。

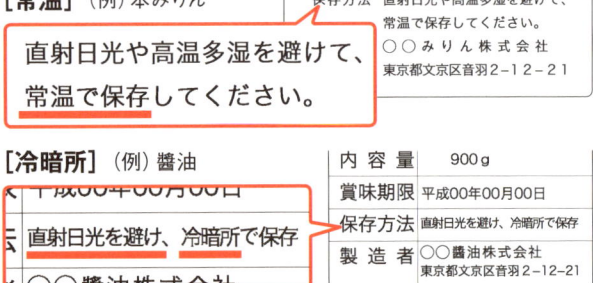

冷蔵 表示された「保存温度」を保つ場所で保存する

10℃以下での保存が必要な食材・食品は、「保存温度」が表示される。保存温度の設定が5〜10℃の場合は冷蔵室、1〜5℃程度はチルド室で保存を。開封前は常温保存、開封後は冷蔵することを表示されているものもある。

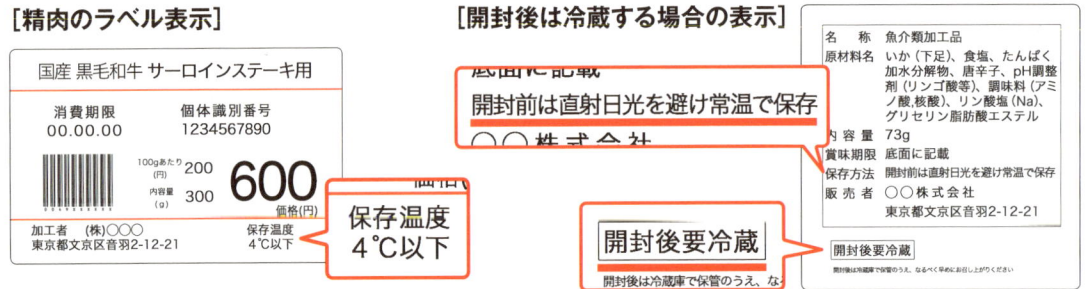

冷凍 低温保存が必要な食品に表示。冷凍室で保存する

冷凍食品やアイスクリームなど、品質を維持するには低温で保存する必要があるものには、「−15℃以下」などの保存温度が表示される。家庭では、冷蔵庫の冷凍室（−18℃以下）が保管場所となる。

家庭で冷凍保存する場合は、冷凍庫の開け閉めをするため常に−18℃を保ち続けることが難しく、保管状況によって期限前であっても味や食感が落ちることが。未開封でも、保存は最長で3ヵ月を目安に。

冷蔵庫の各部屋の特徴を知って上手に保存

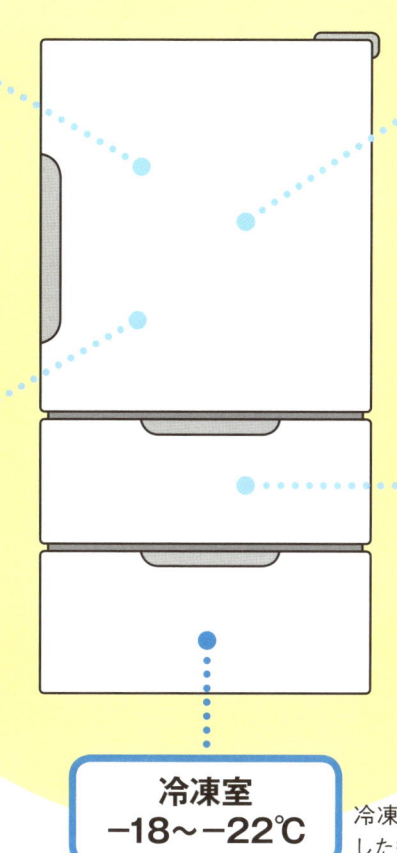

ドアポケット 6〜10℃
飲み物や調味料など。ドアの開閉で外気にさらされ、振動も多い場所。開封後の調味料の保存場所に。

冷蔵室 3〜6℃
食材のほかに食べかけのものの一時保存など利用頻度が高い。冷気の噴き出し口近くは凍ってしまうことがあるので注意して。

チルド室 0〜1℃
氷温室 −1℃付近
パーシャル室 −3℃付近
肉、魚、発酵が進みやすい食品など。鮮度保存効果が高い。

野菜室 7〜10℃
野菜、果物、米など。食材の水分を保つために湿度調整もされている場所。深さがあるので、手前に青菜などを立てて収納できる。

冷凍室 −18〜−22℃
冷凍食品、食材や調理したものの凍結と保存。

冷蔵庫収納4大ルール

 指定席を決める
あらかじめ、食材の指定席を決めておくことで探す手間が省ける。

 **見える**
食材を詰め込まず、どこに何があるのか見えるように心がける。

 **まとめる**
同じ用途のものを1ヵ所にまとめて置くことで、迷子にならない。

 **取り出しやすい**
欲しいものがすぐに取り出せるように、カゴやトレイに入れる。

おいしく長持ち 保存マニュアル ● どこに入れるかすぐわかる 適温適所の保存ルール

食品のおいしさを守る保存テク

冷蔵 & 冷凍

新鮮なうちに調理&保存する　冷蔵 冷凍

持ち帰る間にも鮮度は低下していくので、食材はすぐに冷蔵室へ。また、そろそろ傷みそうだからという理由で冷凍しがちですが、古いものを冷凍しても、おいしくいただくことはできません。新鮮なうちに調理&保存をしましょう。

余分な水分を拭き取る　冷蔵 冷凍

食材に余分な水分がついていると、食材が傷む原因に。とくに冷凍保存では、食材同士がくっついたり、霜がついて味が落ちやすくなったりするので、しっかり水けを拭き取っておくことが大切です。

空気をしっかり抜く　冷蔵 冷凍

肉や魚などは空気にふれると、鮮度や風味が落ちたり、雑菌の繁殖につながってしまったり。ラップを使うときはぴっちりと包み、保存袋を使用するときは、袋の中の空気をできるだけ抜くように密閉するとおいしく保存できます。

加熱したものは冷まして保存する　冷蔵 冷凍

湯気が出ている温かいものを冷蔵庫に保存すると、水滴や霜となって傷みや味落ちの原因に。また、電気代も余計にかかってしまうので、加熱したものは必ず冷ましてから保存しましょう。

薄く平らにする　冷凍

冷凍した食品の鮮度を保つ最大のポイントは、素早く凍らせること。時間がかかると細胞内の氷の結晶が大きくなり、細胞が破壊されて栄養や味わいが損なわれてしまいます。なるべく、薄く平らにして冷凍保存しましょう。

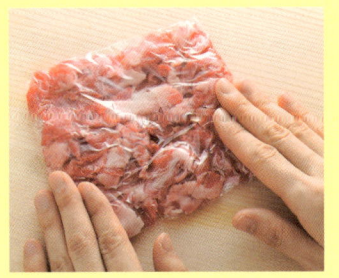

小分けにして使いやすくする　冷凍

使いやすい分量ごとにラップで包んでから冷凍用保存袋に入れる。挽き肉や大根おろしなどは菜ばしで押さえてから冷凍しておくと、筋に沿って折れば少量ずつ取り出せて便利。

日付を書く　冷凍

長期保存できるとはいえ、おいしく食べるには限度があります。生鮮食品の冷凍に関しては、保存期間は1ヵ月が目安ですが、いつ冷凍したのかがわかるように日付を書いておきましょう。

解凍

チルド室解凍
解凍にかかる時間は10～12時間。低温で解凍に時間をかければかけるほどおいしさは逃げません。温度も低く雑菌の繁殖がしにくいため、冷凍室から出して24時間以内は、そのまま入れておいてもOKです。

冷蔵室解凍
解凍にかかる時間は6～8時間。庫内の温度は3～6℃と低いのですが、扉の開け閉めで温度が一時的に上がることも。雑菌が繁殖するおそれもあるので、冷凍庫から出して12時間以内に使うようにしましょう。

流水解凍
解凍にかかる時間は20～30分程度。冷凍した食材を保存袋に入れたまま、ボウルに入れて水道水を流しながら解凍する。袋が浮き上がらないようにボウルや皿をのせましょう。袋に水が入り込まないように注意。

電子レンジ解凍
時間のないときに便利なレンジ解凍。すぐに熱が入るので油断すると焼けてしまうことも。肉や魚などはドリップが出やすいので、耐熱皿にキッチンペーパーを敷き、ラップを外してから加熱しましょう。

凍ったまま調理
凍ったまま加熱調理するので、解凍時間が不要となり忙しいときに便利。煮る・焼く・蒸す・揚げるなど、凍ったままできる調理方法はさまざま。下ゆでしてあるものなどは、より便利に使えます。

常温解凍
早くて便利な常温解凍ですが、おいしさが損なわれやすいのはもちろん、キッチンなどにうっかり放っておくと雑菌の繁殖や傷みの原因に。気温の上がる季節はやめたほうがよいでしょう。

再冷凍はNG
使い切れなかったからといって解凍したものを再冷凍すると、味が一気に落ちてしまうのでおすすめしません。

おいしく長持ち 保存マニュアル ● 食品のおいしさを守る保存テク

手軽に使えるものばかり！
おいしく保存アイテム

ラップ

常温から冷凍まで食材・食品の保存に欠かせないアイテム。保存するものの量や大きさによって使い分けできるように大小サイズをそろえておくと便利。

保存容器

汁けのあるもの、ラップで密閉しにくいものの保存はフタつきの保存容器で。水につけて冷蔵、氷づけで冷凍など長持ち保存に大活躍。

キッチンペーパー

食材の水けを拭き取るのに最適。水で湿らせて食材を包んで水分補充に、適度に水分や油分を吸収しながら乾燥を防ぐときにも。肉や魚の保存には、厚手タイプがおすすめ。

ポリ袋・保存袋

密閉保存が簡単にできる保存袋。袋に食材を入れたら、中の空気を抜いてファスナーを閉じる。冷凍には専用の保存袋を。大きなものや常温保存で密閉性をあまり必要としない場合は、ポリ袋を使っても。

空きビン

水を張って野菜を立てて保存する際は、重さのある空きビンやグラスを使って。密閉できるフタつきのものが便利。

新聞紙

まるごとの野菜や泥つきのものの常温保存や冷蔵は、気軽に使える新聞紙が最適。包装紙や折り込みチラシで代用しても。

アルミホイル

肉、魚は、ラップ＋アルミホイルで二重に包むと熱伝導がよく凍結時間が短縮できる。食パンはアルミホイルで包んで冷凍すれば、そのままオーブントースターで加熱OK。

金属トレイ

食材をバラバラに凍らせるために欠かせないアイテム。とくにアルミニウム製のものは、熱伝導がよく、家庭での急速冷凍を可能に。

ペットボトル

野菜を立てて保存したいときに。使用後のペットボトルを洗って、よく乾かしてから、野菜室のスペースに合う長さにカット。切り口にはマスキングテープなどを貼って。

アルミカップ・製氷器

大根おろしやイクラなど、水けの多いものを小分け冷凍するにはアルミカップが最適。牛乳やだし汁など液体の冷凍は、製氷器を使って。

おいしく長持ち 保存マニュアル ● 手軽に使えるものばかり！おいしく保存アイテム

葉野菜

基本は冷蔵庫の野菜室での保存。水分補充の工夫で鮮度をキープ！

白菜

ずっしりと重くて葉先まで固く、巻きがしっかりとしているものが良品。
カットものは、葉がすき間なく詰まっていて、切り口が平らなものを。

| 常温 | まるごと | 保存場所 涼しい場所 | 保存の目安 3〜4週間 |

新聞紙で包んで立てる

まるごとは、常温での保存ができる。広げた新聞紙で全体を包み、涼しい場所で立てて保存する。使っているうちに小さくなったら冷蔵庫の野菜室に移す。

おいしさポイント

外側の葉は、乾燥や多少の変色があっても捨てずに、残った白菜を包めば「天然のラップ」効果に。適度な水分を保ち、おいしさが長持ちします。

葉野菜 ● 白菜

| 冷蔵 | 保存場所 | 野菜室 | 保存の目安 | 8～10日 |

芯を切り包む

❶ 芯を切り落として生長を止める。
❷ 切り口から水分が抜けるので、切り口全体を湿らせたキッチンペーパーで覆ってから保存袋に入れる。切り口を下に向けて保存する。

おいしさポイント
切り口を湿らせたキッチンペーパーで覆うことで、みずみずしさが長持ちします。

冷凍　生で、ゆでてのダブル冷凍が便利

生で　保存の目安　1ヵ月
解凍方法　凍ったまま調理する。

ざく切りにして生のまま冷凍

ざく切りにして生のまま冷凍用保存袋に入れて、金属トレイに平らに寝かせて冷却。凍結したら袋ごと立てて保存。

ゆでて

保存の目安　1ヵ月　解凍方法　自然解凍、凍ったまま調理する。

固めにゆでて小分け冷凍

ざく切りにして、固めにゆでて水けをしぼる。少量ずつラップで包んでから、冷凍用保存袋に入れる。ゆでるとコンパクトに保存できて、庫内でかさばらない。自然解凍でおひたしや和えものに。

キャベツ

外側の葉が濃い緑色でつやがあるものが新鮮。
手に取ったときに、見た目の大きさのわりに重いものを選んで。

冷蔵 乾燥に弱いので保湿対策を十分に

まるごと　保存場所 野菜室　保存の目安 3〜4週間

芯を取り しっかり保湿

包丁で芯を三角形に切り取って、湿らせたキッチンペーパーを詰める。全体が入る大きさのポリ袋に入れ、芯を下にして野菜室へ。外葉から使う。

おいしさポイント
キャベツを使うたびに、キッチンペーパーを取り替えると鮮度キープ効果が倍増。

カットもの　保存場所 野菜室　保存の目安 10日

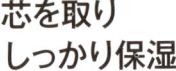

切り口を湿らせる

❶切り口全体を湿らせたキッチンペーパーで覆う。

ポリ袋に入れ 切り口を下にして 保存

❷ポリ袋に入れて、切り口を下に向けて保存する。

おいしさポイント
使うたびにキッチンペーパーを取り替えて！

おいしく保存ラボ　試してみました！

半分にカットしたキャベツを野菜室で保存
保湿の工夫で8日目の違いが一目瞭然！

葉野菜 ● キャベツ

むき出しで保存
むき出しのまま保存したものは、葉がしなびて変色したところもあり。切り口も黒ずんで乾燥している。

Bad...
外葉がしなしな。切り口も黒ずんだ状態に

Good!
外葉がつやつや。切り口もきれいなまま

切り口を濡らしてポリ袋で保存
葉がつややかで買ってきたときとほとんど変わりなし。

冷凍　切って生のまま冷凍保存

保存の目安	1ヵ月
解凍方法	凍ったまま調理する。

ざく切りにして生のまま冷凍

芯を切り取り、ざく切りにして冷凍用保存袋に入れる。
凍ったまま、炒めもの、鍋物、スープなどに。熱湯をかけ、水けをしぼれば、サラダや和えものにすぐ使える。

水菜

葉先がピンとしていてみずみずしく、葉の緑と茎の白さの
コントラストがはっきりしているものを選びましょう。

冷蔵

| 保存場所 | 冷蔵室 | 保存の目安 | 10日 |

おいしく保存ラボ 試してみました！

Good! 葉先までぴんと張ったままで新鮮そのもの！

カットして保存　8日目
適度に水分を補って保存した水菜は、葉も茎もみずみずしさをキープ。カットしてあるので、すぐ調理に使えるのも便利。

Bad... 葉先はしなしなに。溶けている部分も……

そのまま保存　8日目
そのまま保存したものは、8日目には、葉先だけでなく全体的にしなびた状態に。

カットして水にさらしてからキッチンペーパーで包む

食べやすい長さに切って、水に1〜2分さらして、ざるにあげて水けを拭き取る。容器にキッチンペーパーを敷き、水菜を入れる。上からキッチンペーパーをかぶせてフタをし保存。ペーパーが濡れてきたら取り替える。

冷凍　切って生のまま冷凍保存

| 保存の目安 | 1ヵ月 |
| 解凍方法 | 自然解凍、または凍ったまま調理する。 |

切って生のまま冷凍

使いやすい長さに切って、冷凍用保存袋に入れる。凍ったままスープや炒めものに。

春菊

茎が細く、葉が根元近くについているものが良品。
鮮度が落ちてくると色あせて黄色みをおびてきます。

冷蔵
- 保存場所：野菜室
- 保存の目安：5〜7日

冷凍
- 保存の目安：1ヵ月
- 解凍方法：凍ったまま調理する。

立てて保存
購入した包装のまま、もしくは、ポリ袋に入れて口を結ぶ。ペットボトルに立てて保存。

おいしさポイント
使い残しは、根元に濡らしたキッチンペーパーを巻き、ポリ袋に入れて保存する。

切って生のまま冷凍
生のまま長さ4cm程度に切る。平らに並べて冷凍用保存袋に入れる。

青梗菜

葉が濃緑色で、軸が短めのもの。葉に厚みがあり、
株の根元がふっくらとしているもののほうが甘みがあります。

冷蔵
- 保存場所：野菜室
- 保存の目安：5〜7日

冷凍
- 保存の目安：1ヵ月
- 解凍方法：凍ったまま調理する。

立てて保存
購入した包装のまま、もしくは、ポリ袋に入れ、ペットボトルなどに立てて保存する。

切って生のまま冷凍
使いやすいサイズに切って、冷凍用保存袋に入れる。

葉野菜 ● 水菜　春菊　青梗菜

にら

葉の色の緑が濃く、つやがあって、葉先までピンと伸びているものを。束の根元を持ったときに先がだれず、張りがあるものを選びましょう。

冷蔵

| 保存場所 | 冷蔵室、野菜室 | 保存の目安 | 10日 |

カットして水を注いだ保存容器に入れる

3〜4cm長さに切って保存容器に入れる。かぶるくらいの水を入れて、フタをして冷蔵室か野菜室で保存。水は3日おきに取り替える。

おいしく保存ラボ 試してみました！

Good!
8日後もこんなに新鮮！しかも使いやすい

カット＋水を入れた容器で保存
シャキッと新鮮。カットしてあるのですぐ使えます。

そのまま保存
しなびた部分や傷んだところを除くと、使える部分はごくわずかに。

Bad…
葉先だけでなく見えない部分もしなびています！

冷凍 カットして生のまま保存袋に入れる

| 保存の目安 | 1ヵ月 |
| 解凍方法 | 凍ったまま調理する。 |

切って生のまま冷凍

ざく切りやみじん切りなど使いやすい長さに切る。切った瞬間から強いニオイを放つので、すぐに冷凍用保存袋に入れる。パラパラに凍結したら袋ごと立てて保存して。

ほうれん草・小松菜

ほうれん草は、葉先がピンと張っていて根元が鮮やかなピンク色のものを。
小松菜は、葉が肉厚でつやのあるものを選んで。

冷蔵

保存場所	野菜室
保存の目安	10日

立てて保存する

傷んでいる葉があれば取り除く。購入した包装のまま、もしくは、ポリ袋に入れ、葉先を上に向けてペットボトルなどに立てて保存する。

おいしさポイント

横にして保存すると葉がつぶれて傷みやすくなるので、必ず立てて保存しましょう。

冷凍

生で

保存の目安	1ヵ月
解凍方法	凍ったまま調理する。

ざく切りにして生のまま冷凍

洗って、3～4cm長さに切ったら、しっかりと水けを拭き取り、冷凍用保存袋に入れる。凍ったまま、お湯をかけるか電子レンジ加熱で使える。

ゆでて

保存の目安	1ヵ月
解凍方法	自然解凍、凍ったまま調理する。

固めにゆでて小分け冷凍

熱湯で固めにゆで、水けをしぼり4cm長さに切る。小分けにしてラップで包んでから冷凍用保存袋に入れる。自然解凍しておひたしやパスタなどに。

レタス

芯の切り口が小さめで白く、葉がみずみずしくてつやと張りがあるものが新鮮。葉の緑色が濃いほど味がよく、栄養価も高くなります。

冷蔵　芯に小麦粉をつけて水分が抜けていくのを防ぐ

まるごと　保存場所　野菜室　保存の目安　10〜14日

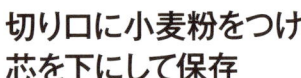
切り口に小麦粉をつけ芯を下にして保存

❶ 芯を少し切り落とし、切り口に小麦粉をたっぷりつける。
❷ ポリ袋に入れて、口をしっかりと結び、芯を下にして保存する。

おいしさポイント
外側の葉から先に使えば、最長で3週間程度長持ちします。

冷凍　冷凍したレタスは生食には不向き 加熱調理すればOK

保存の目安　1ヵ月
解凍方法　凍ったまま調理する。

生のままちぎって冷凍

ちぎったレタスの葉の水けをしっかりと拭き、冷凍用保存袋に入れる。使いやすい分量ごとにラップに包んで冷凍用保存袋にまとめても。凍ったまま、スープや炒めものに使う。

おいしく保存ラボ 試してみました！

まるごとレタスを野菜室で保存 8日目にはこうなりました

Good! 外葉も内側もみずみずしく新鮮なまま

Bad... 外側はしなしな。張りとつやが残っているのは中心部のみ

芯に小麦粉をつけてポリ袋に入れて保存
適度な水分コントロールで、外側はもちろん内側まで鮮度をキープ。

むき出しで保存
葉につやがなく、水分が抜けてしなびた状態に。

サニーレタス

葉先が色濃く、爽やかな香りとパリッとしたみずみずしい手触りのものを選びましょう。

冷蔵　葉先から傷みやすいので立てて鮮度をキープ

根元を湿らせ葉先を上にして立てる

保存場所	野菜室
保存の目安	1週間

湿らせたキッチンペーパーを根元に巻き、ポリ袋に入れて、ペットボトルに立てて保存する。キッチンペーパーが乾燥してきたら取り替える。

葉野菜 ● レタス／サニーレタス

セロリ

葉に張りがあって香りがよく、茎が太く、縦の筋がくっきりしているものを。
切り口に空洞ができているものは固く、食感がよくありません。

冷蔵
- 保存場所　冷蔵室
- 保存の目安　10日

冷凍
- 保存の目安　1ヵ月
- 解凍方法　凍ったまま調理する。

水を注いだ容器に入れる

葉は切り落とし、使いやすい長さに切る。水を張った容器に茎を入れて保存。3日に1度水を取り替える。

生のまま冷凍

葉と茎をそれぞれ使いやすい形に切って、冷凍用保存袋に入れる。

グリーンアスパラ

根元の切り口が丸く、みずみずしいものが新鮮。
穂先が固く締まっていて、濃い緑色のものを選びます。

冷蔵
- 保存場所　冷蔵室
- 保存の目安　10日

冷凍
- 保存の目安　1ヵ月
- 解凍方法　凍ったまま調理する。

ビンに立ててポリ袋をかぶせる

おいしさポイント
根元を濡らしておくことが長持ちのポイント。根元が乾燥していたら切り落としましょう。

根元を少し切り取る。空きビンに1〜2cm水を入れ、穂先を上にしてグリーンアスパラをさす。
ポリ袋をかぶせ、立てて保存する。

使いやすいサイズに切って生のまま冷凍

ピーラーで根元の固い部分を削り、斜め切り、3〜4cm長さなど食べやすい形に切って冷凍用保存袋に入れる。凍ったままゆでる、炒めるなどして。

ブロッコリー

つぼみが固く締まり、密集しているものが新鮮。気温の影響で多少色が浅くなっても、つぼみが固く締まっていれば問題ありません。

冷蔵

| 保存場所 | 冷蔵室 | 保存の目安 | 10〜14日 |

ビンに立てて水を注いでポリ袋をかぶせる

茎を根元から1cmほど切る。グラスに根元がつかる程度に水を入れて、ブロッコリーをさす。
空気が入るようにポリ袋をふわっとかぶせ、輪ゴムで閉じて立てて保存。

おいしく保存ラボ 試してみました！

水を入れたグラスで保存 Good!
適度に水分が保たれて色も鮮やかなまま。つぼみも固く締まっています。
→ つぼみが固く締まっていておいしさそのまま

そのまま保存 Bad...
つぼみが開きかけて、茎は乾燥気味。触るとクニャッとしています。
→ 触るとクニャッとして劣化は明らか

冷凍 房と茎に分けて生のまま保存する

| 保存の目安 | 1ヵ月 |
| 解凍方法 | 凍ったまま調理する。 |

小房に分けて生のまま冷凍

水洗いして水分を拭き取り、実は小房に分け、茎は皮をむいて薄切りにする。
実と茎に分けて冷凍用保存袋に入れる。
凍ったままゆでる、炒めるなどして使える。

葉野菜 ● セロリ　グリーンアスパラ　ブロッコリー

三つ葉

鮮度が落ちるにつれて葉が黄色くなります。
緑色が鮮やかで、色が濃く、葉がピンとしているものを選びましょう。

冷蔵 | 保存場所 野菜室 | 保存の目安 1週間

根元を湿らせて立てて保存

❶ 根元を水で濡らして、キッチンペーパーで包む。
❷ 保存袋に入れ、葉先を上に向けてペットボトルに立てて保存。

冷凍 | 保存の目安 1ヵ月 | 解凍方法 凍ったまま調理する。

ざく切りにして生のまま冷凍

ざく切りか粗みじんに切って、冷凍用保存袋に入れる。

おいしさポイント
葉の色が変わりやすいので、鮮やかな緑色を保ちたいなら冷凍保存を。料理の彩りや汁物などに使いましょう。

大葉（青じそ）

独特の香りが強く、葉先までピンとしているものが新鮮。
色が鮮やかで変色がなく、しおれていないものを選びましょう。

冷蔵 | 保存場所 野菜室 | 保存の目安 2～3週間

水を注いだビンに入れる

少量の水を入れた空きビンに大葉をさし、フタかラップをして保存。3日に1度水を取り替える。

おいしさポイント
葉に水がつくと傷みやすくなるので注意して。

冷凍 | 保存の目安 1～3ヵ月 | 解凍方法 凍ったまま調理する。

ざく切りにして生のまま冷凍

ざく切りか粗みじんに切って、冷凍用保存袋に入れて冷凍。凍ったまま、パスタやドレッシングに加えて。

玉ねぎ

皮が乾いていてつやがあるものが新鮮。球形に近いほど質がよく、平らなものは熟しすぎているため傷みも早くなります。

常温

| 保存場所 | 風通しのよい場所 | 保存の目安 | 3～4ヵ月 |

洗濯ネットやカゴに入れて

風通しのよい場所に、洗濯ネットやカゴに入れて保存。ストッキングで1個ずつ包んで吊るしても。夏場は新聞紙に包んで野菜室で保存する。

冷蔵

| 保存場所 | 野菜室 | 保存の目安 | 1ヵ月 |

薄皮をむいて包んで保存

湿気に弱いので、薄皮をむいたら、1個ずつキッチンペーパーで包み、保存袋に入れる。

おいしさポイント
薄皮をむいてあるので使いやすく、さらに冷やしてから切ると涙が出にくくなります。

冷凍

| 保存の目安 | 1ヵ月 |
| 解凍方法 | 凍ったまま調理する。 |

使いやすいサイズに切って生のまま冷凍

みじん切り、薄切りなど使いやすい形に切る。使いやすい分量ごとにラップで包み、冷凍用保存袋に入れる。

おいしさポイント
切った状態のものを冷凍すると甘みが増し、炒めると飴色玉ねぎが短時間で作れて便利！

葉野菜 ● 三つ葉　大葉（青じそ）　玉ねぎ

長ねぎ

白い部分に光沢があり、青い部分との境目がはっきりしているものが良品です。

冷蔵

| 保存場所 | 野菜室 | 保存の目安 | 10日 |

水を注いだビンに入れる

びんに立てて入れられる長さに切る。底から2cmほどの高さまで水を注いでフタをする。3日に1度水を取り替える。

おいしく保存ラボ 試してみました！

カットして保存 8日目
カットして水を注いだビンに入れて保存したものは、水分をしっかり保って、シャキッとした食感をキープ。

> Good! みずみずしさが保たれて美しい

そのまま保存 8日目
そのまま冷蔵した長ねぎは、8日目には乾燥して干からびた状態に。

> Bad... 外側が乾燥して裂け目ができている部分も！

冷凍

| 保存の目安 | 1ヵ月 |
| 解凍方法 | 凍ったまま調理する。 |

ぶつ切りにして生のまま冷凍

❶ 白い部分は、5～6cm長さにカットして、冷凍用保存袋に並べて入れる。凍ったままでも切れるので調理がしやすい。

❷ 青い部分は、ラップで包んでから冷凍用保存袋に入れる。スープや汁物の臭み取りに使える。

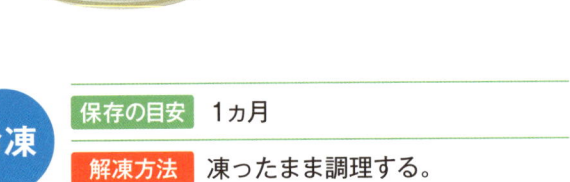

青ねぎ（万能ねぎ）

葉の色が鮮やかで、
葉先まで濃い緑色でピンと伸びているものを選んで。

冷蔵 | 保存場所　冷蔵室、野菜室
保存の目安　10日

冷凍 | 保存の目安　1ヵ月
解凍方法　凍ったまま調理する。

水を注いだ保存容器に入れる

使いやすい長さに切って保存容器に入れる。かぶるくらいの水を入れ、フタをして保存。3日おきに水を取り替える。

小口切りにして生のまま冷凍

小口切りにして、冷凍用保存袋に入れる。ペットボトルでの保存も便利。

いろいろな葉野菜が少しずつ残ったら

一つにまとめて冷凍すると便利！
ミックス葉野菜

作り方
1. キャベツ、小松菜、青梗菜などの葉野菜は一口大に、長ねぎは斜め薄切りに切る。ピーマンは乱切りにする。
2. 1回に使う分量を冷凍用保存袋に入れて冷凍する。

- その他、にんじんやパプリカ、きのこ類などもおすすめ。保存の目安は1ヵ月ほど。凍ったまま調理できます。

こんな料理に使えます！
野菜炒め、鍋物、豚汁、焼きそば、ラーメン、パスタなど……。

実野菜

水分が多い実野菜も
ひと工夫でおいしさが長持ち。
冷凍保存もできます！

トマト

ヘタやガクは濃い緑、皮に張りがあり、ずっしりと重いものを選びましょう。
薄く白い筋が入っているものは糖度が高く、甘みがあります。

冷蔵

| 保存場所 | 野菜室 | 保存の目安 | 10日 |

1個ずつラップで包み保存袋に入れる

1個ずつラップで全体を包み、ヘタの部分を下にして保存袋に入れる。

おいしさポイント
トマトは冷やしすぎると甘みが弱くなるので、夏以外は、常温保存がおすすめ。

おいしく保存ラボ

試してみました！

保存8日目のトマトを比較！

Good!
色も張りも変化なし！新鮮なまま

Bad...
黒ずんでいて、やわらかい

むき出しで保存
色が黒ずみはじめ、皮にところどころにしわが！触るとぷよぷよと柔らかくなっています。

包んで保存
色は鮮やか、触ると弾力があって、買ってきたときとほとんど変化なし！

冷凍 — まるごと

保存の目安	1ヵ月
解凍方法	凍ったまま調理する。

ラップで包み生のまま冷凍

ヘタを取り、1個ずつラップで包み、ヘタを下にして冷凍用保存袋に入れて保存。水につけると簡単に皮がむける。

きざむ

保存の目安	1ヵ月
解凍方法	自然解凍、凍ったまま調理する。

切って生のまま冷凍

粗みじんに切って、冷凍用保存袋に入れる。折って使えるように平らにして凍らせる。

> **おいしさポイント**
> トマトは冷凍すると甘みがアップ！

ミニトマト

張りとつやがあり色が濃く鮮やか、ヘタが濃い緑色でピンと立っているものを。ヘタが枯れて黄色くなっているもの、実割れしているものは避けて。

冷蔵

保存場所	冷蔵室、野菜室
保存の目安	10日

水につけて保存

保存容器にミニトマトを入れて、かぶるくらいの水を注ぐ。3〜4日に1度水を取り替える。

冷凍

保存の目安	1ヵ月
解凍方法	自然解凍、凍ったまま調理する。

ヘタを取って生のまま冷凍

ヘタを取って水洗いし、水けを拭きとって冷凍用保存袋に入れ、冷凍する。

実野菜 ● トマト／ミニトマト

きゅうり

新鮮なものはイボが尖っていますが、最近はイボのない品種も。
全体に張りがあり、できるだけ太さが均一で、表面の緑色が濃いものを。

冷蔵

保存場所	野菜室
保存の目安	10～14日

包んで立てて保存

① 表面の水分をしっかりと拭き取る。1～2本ずつ、半分に切ったペーパータオルで巻いてから保存袋に入れる。
② 枝つきが上になるように立てて保存する。

おいしく保存ラボ 試してみました!
ひと手間かけるとこんなに差がつく!

Good! 適切な保存でおいしさも長持ち!

包んで保存
色鮮やか、イボが尖って、まるで採れたてのようです。

Bad... きゅうり特有の食感はすでに消失

むき出しで保存
むき出し保存だとおいしく食べられる期間は約4日。すっかりしなびています。

冷凍 サラダや和え物などに便利

保存の目安	1ヵ月
解凍方法	自然解凍

塩もみしてから冷凍

薄い輪切りにして塩少々でもみ、5分ほどおいてから水けをしぼる。1本分ずつくらいラップで包み、冷凍用保存袋に入れて。自然解凍、もしくは熱湯をかけてから水けをしぼって、酢のものやポテトサラダなどに。

なす

張りがあってつややかなものが新鮮。
軽いものは中がスカスカ、見た目のわりに重いものを選ぶようにします。

冷蔵

保存場所	野菜室
保存の目安	10日

1個ずつラップで包む

表面に水けがついている場合はよく拭き取る。ラップで1個ずつ包んでから保存袋に入れる。

試してみました！
おいしく保存ラボ
どちらも保存8日目

Good! つやつや張りがあっておいしそう！

ラップで包んで保存
色もつやも変化なし。ひと手間の差は大きい！

Bad... ヘタや実の表面に変色が……

むき出しで保存
表面がしなびた状態に。ところどころ変色も見られます。

冷凍

**凍ったままでOK
素揚げや天ぷらに！**

保存の目安	1ヵ月
解凍方法	凍ったまま調理する。

使いやすい大きさに切って生のまま冷凍

乱切りや輪切りなど、使いやすい大きさに切って冷凍用保存袋に入れる。凍ったまま揚げる、炒める、煮るなどして使う。

実野菜 ● きゅうり なす

ピーマン

ヘタが鮮やかな緑色で、全体に色が均一でつやがあるものが新鮮。
鮮度が落ちると苦みが出てくるので、できるだけ新鮮なものを選びましょう。

冷蔵

まるごと

保存場所 野菜室　**保存の目安** 3週間

包んで保存
表面の水けをよく拭き取ってから2～3個ずつキッチンペーパーで包む。

切ったもの

保存場所 野菜室　**保存の目安** 5日

ヘタと種を取る
傷みやすいヘタと種を取り除き、ラップで包んで保存。まとめて切ったものは、軽く湿らせたキッチンペーパーを敷いた保存容器に入れる。

冷凍

使いやすくカットして冷凍すると便利

保存の目安 1ヵ月
解凍方法 凍ったまま調理する。

切って生のまま冷凍
ヘタと種を取って、使いやすい形に切る。冷凍用保存袋になるべく平らに入れて、空気を抜いて閉じる。

パプリカ

表面に張りとつやがあるものを。輸入ものが主流のため、採り入れから時間を経ていることも。柔らかく、しわっぽくなっているものは避けます。

冷蔵

保存場所	野菜室
保存の目安	7〜10日

まるごと
包む
キッチンペーパーで1個ずつ包み、保存袋に入れる。

カットしたもの
ヘタと種を取る
ヘタと種を取って切り口から全体をキッチンペーパーで包み、さらにラップで包んで保存する。

おいしく保存ラボ 試してみました！
半分に切ったパプリカを8日間保存

Good! 独特の歯ごたえもしっかりキープ
ヘタと種を取って包んで保存
つやと張りを保持。みずみずしく肉厚で新鮮そのもの。

Bad... 種から傷みはじめることがよくわかる！
そのまま保存
皮にしわができ、果肉が柔らかく、色も黒ずんできています。

冷凍 傷みやすいので余ったら迷わず冷凍！

保存の目安	1ヵ月
解凍方法	凍ったまま調理する。

切って生のまま冷凍
ヘタと種を取り除き、水けをしっかり拭き取る。
使いやすく切って生のまま冷凍用保存袋入れる。

おいしさポイント
生食には向かないので、加熱して炒めものやマリネに。

実野菜 ●ピーマン　パプリカ

スナップエンドウ・絹さや

スナップエンドウは、豆がしっかり詰まって、澄んだ緑色をしているもの。
柔らかいさやを食べる絹さやは、豆が育ちすぎていないものを。

冷蔵

保存場所 野菜室
保存の目安 7～10日

湿らせたキッチンペーパーで包んで保存

どちらも乾燥に弱いので、湿らせたキッチンペーパーで包んで、容器に入れてフタをする。

冷凍

保存の目安 1ヵ月
解凍方法 凍ったまま調理する。

生で　筋を取り、生のまま冷凍

筋を取って生のまま、なるべく重ならないように平らに並べて冷凍用保存袋に入れる。
凍ったまま煮物やスープに加えると、彩りがプラスされる。

保存の目安 1ヵ月
解凍方法 自然解凍、凍ったまま調理する。

ゆでて　使いやすい形で冷凍

固めにゆでて、使いやすい形に切り、使いやすい分量ごとにラップで包んで、冷凍用保存袋に入れる。自然解凍して、ちらし寿司や煮物の彩りに。

そら豆

さやが鮮やかな緑色でつやがあるものを。
ふっくらとして、触るとしっかりと弾力があるものが良品です。

冷蔵

| 保存場所 | 野菜室 | 保存の目安 | 2〜3日 |

さやつきのまま保存する

さやつきのまま、ポリ袋に入れて野菜室で保存する。さやから出して売られているものの場合は、劣化が早いので購入当日か翌日には食べるようにして。

おいしさポイント

そら豆は、「おいしいのは3日間」と言われるように、傷むのが早くデリケートな野菜。さやから出すと一気に風味が落ちるので、調理直前に取り出すようにしましょう。

冷凍

| 保存の目安 | 1ヵ月 |
| 解凍方法 | 凍ったまま調理する。 |

さやから出して生のまま冷凍

さやから出して黒い部分に切り込みを入れてから冷凍用保存袋に入れる。
電子レンジで加熱、ゆでるなど使いたい分だけ使えるので便利。

いろいろな夏野菜が少しずつ残ったら

一つにまとめて冷凍すると便利！
ミックス夏野菜

作り方

1. かぼちゃ、ズッキーニ、なす、トマト、パプリカは一口大に切る。
2. 1回に使用する分量を冷凍用保存袋に入れて冷凍する。

● その他、とうもろこし、いんげん、オクラ、ゴーヤー、カリフラワーなどもおすすめ。
保存の目安は1ヵ月ほど。凍ったまま調理できます。

こんな料理に使えます！
ラタトゥイユ、温野菜、ピクルス、パスタ、カレーなど……。

実野菜 ● スナップエンドウ・絹さや そら豆 ミックス夏野菜

いんげん

緑色が濃く、細めで豆の形がはっきり出ていないものを選びます。
先がピンと尖っていて、曲げるとポキッと折れるものが新鮮です。

冷蔵

保存場所 野菜室　**保存の目安** 1週間

包んで立てる

❶ さやの向きをそろえて、キッチンペーパーと一緒にポリ袋に入れる。

❷ ヘタが上に向くようにして、ポリ袋ごとグラスに立てて保存。軽いものを立てて保存するときは、ペットボトルや安定感のあるグラスでも。

おいしさポイント
いんげんは、収穫後も水分を発散しようと呼吸が盛んに行われています。常温では劣化が進んでしまうので必ず冷蔵庫で保存しましょう。

冷凍

保存の目安 1ヵ月　**解凍方法** 凍ったまま調理する。

使いやすく切って生のまま保存

ヘタを切って、使いやすい長さに切る。凍ったままでもカットできるので、少し長めに切っておいたほうが便利。
平らに並べて冷凍用保存袋に入れる。金属トレイなどに寝かせて冷却。完全に凍ったら立てて保存する。

おいしさポイント
年に3度収穫できることから「三度豆」とも呼ばれています。とくに若さやはうまみ成分であるアミノ酸が多く、独特のうまみが感じられます。

しし唐

つややかな光沢があり、ヘタがしっかりしているものが良品。
ヘタが黒ずんでいたり、身が固いものは鮮度が落ちているので避けましょう。

冷蔵
- **保存場所** 野菜室
- **保存の目安** 3週間

冷凍
- **保存の目安** 1ヵ月
- **解凍方法** 凍ったまま調理する。

包む
キッチンペーパーで6〜7個ずつ包んで保存袋に入れる。

生のまま冷凍する
洗って、水けを拭き取る。
冷凍用保存袋に平らに並べて入れる。

オクラ

産毛が鮮度の目安。びっしりときれいに産毛で覆われているものを選びましょう。
大きすぎるものは、苦みが強く、味が落ちます。

冷蔵
- **保存場所** 冷蔵室、野菜室
- **保存の目安** 7〜10日

冷凍
- **保存の目安** 1ヵ月
- **解凍方法** 自然解凍、凍ったまま調理する。

ヘタを下に向ける
ヘタを下にして、少量の水を入れたビンにさして、フタをして保存。フタの代わりにラップを使ってもOK。

生のまま冷凍する
水洗いして、水けをよく拭き取る。
冷凍用保存袋に並べて入れる。切って冷凍しても使いやすい。

ズッキーニ

上から下まで太さが均一で、表面に傷がなく、つやのあるものを。
古くなると実がスカスカに、大きく育ちすぎたものは味が落ちます。

冷蔵
- 保存場所　野菜室
- 保存の目安　7～10日

冷凍
- 保存の目安　1ヵ月
- 解凍方法　凍ったまま調理する。

包む
キッチンペーパーで包んでから保存袋に。

切って生のまま冷凍
生のまま輪切りや細切りにして、水分が多いので重ならないように並べて冷凍用保存袋に入れる。

おいしさポイント
ズッキーニは、水分が抜けると味が落ちてしまうので乾燥させないように気をつけて。

冬瓜

濃い緑で持ったときに重いものを。カットものは、切り口が真っ白で種の部分までしっかりと詰まっているものを選びましょう。

冷蔵
- 保存場所　野菜室
- 保存の目安　5日

冷凍
- 保存の目安　1ヵ月
- 解凍方法　凍ったまま調理する。

種とワタを取る
種とワタを取り、キッチンペーパーとラップで包んで野菜室に。

切って生のまま冷凍
皮をむいて、種とワタを取り、食べやすい大きさに切る。重ならないように並べて冷凍用保存袋に入れる。

おいしさポイント
まるごとなら新聞紙で包み、冷暗所や冷蔵庫で1～3ヵ月保存できます。

ゴーヤー

表面につやと張りがあり、ゴツゴツした部分がはがれずに密集しているものが良品。緑色が濃く、小ぶりなわりにずしりと重いものを選んで。

冷蔵　乾燥と湿気が大敵

保存場所	野菜室
保存の目安	7日

種とワタを取り包んで保存

1. 縦半分に切って、種とワタを取る。
2. 切り口にキッチンペーパーをかぶせ、ラップで全体を包む。切り口を下にして保存する。

おいしさポイント
種とワタの部分から傷みはじめるので、買ってきたらすぐにスプーンでくりぬいてから保存しましょう。

冷凍

保存の目安	1ヵ月
解凍方法	凍ったまま調理する。

薄切りにして生のまま冷凍

縦半分に切り、種とワタを取る。薄切りにして、1分程度水にさらす。水けを拭き取り、冷凍用保存袋に入れる。

実野菜 ● ズッキーニ　冬瓜　ゴーヤー

とうもろこし

おいしさでは皮つきのものが断然上。皮がむかれたものを選ぶなら、粒がそろっていて指で押して少しへこむくらいが食べ頃です。

冷蔵

生で

| 保存場所 | 野菜室 | 保存の目安 | 2〜3日 |

皮つきのまま包む

皮をつけたままラップで包み、さらに新聞紙で包んで立てて保存。

ゆでて

| 保存場所 | 冷蔵室 |
| 保存の目安 | 3〜4日 |

1本ずつラップで包む

ゆでたら熱いうちに1本ずつラップで包む。

おいしさポイント

「お湯を沸かしてから採りに行け」とも言われるくらいに鮮度が落ちやすいとうもろこし。時間の経過とともに甘みが減ってくるので、新鮮なうちにゆでておきましょう。

冷凍

生で

| 保存の目安 | 2ヵ月 |
| 解凍方法 | 凍ったまま調理する。 |

皮をむかずに生のまま冷凍

皮をつけたまま1本ずつラップで包んで、ポリ袋や冷凍用保存袋に入れる。
食べるときはラップに包んだ状態で電子レンジで加熱するか、ラップをはずしてゆでる。

ゆでて

| 保存の目安 | 1ヵ月 | 解凍方法 | 凍ったまま調理する。 |

固ゆでして実をはずす

固めにゆでて実だけにし、水けをよく拭き取ってから保存容器や冷凍用保存袋に入れる。ペットボトルなどに入れても使いやすい。

おいしさポイント

皮をむいたものを冷凍するならこの方法で。まるごと冷凍するよりも使い勝手よし！

かぼちゃ

見た目よりも重量感があるものを選ぶとよいでしょう。
皮が黒っぽいものほど甘みがあるとされています。

常温　まるごと

保存場所 風通しのよい涼しい場所

保存の目安 2ヵ月

まるごとなら、風通しのよい涼しい場所で常温保存が可能。

冷蔵

保存場所 野菜室　**保存の目安** 1週間

種とワタを取る

種とワタを取り、切り口にキッチンペーパーをかぶせてラップか保存袋で包む。

冷凍

保存の目安 1ヵ月

解凍方法 凍ったまま調理する。

切って生のまま保存

生のまま使いやすい大きさ、形に切る。平らに並べて冷凍用保存袋に入れ、金属トレイに寝かせて冷凍する。

いろいろな実野菜が少しずつ残ったら

一つにまとめて冷凍すると便利！
ミックス実野菜

作り方
① 玉ねぎ、にんじん、じゃが芋は、皮をむいて一口大に切る。
② 1回に使用する分量を、冷凍用保存袋に入れて冷凍する。

その他、かぼちゃ、パプリカ、とうもろこしなどもおすすめ。保存の目安は1ヵ月ほど。凍ったまま調理できます。

こんな料理に使えます！
カレー、シチュー、肉じゃがなどの煮物、ポテトサラダなど……。

実野菜 ● とうもろこし　かぼちゃ　ミックス実野菜

根野菜

葉は切り落として、泥つきのものは土をつけたままにするのが基本。

大根

葉がいきいきとしていて、身は色白で毛穴が少ないすべすべのものを。カットものは、切り口を見てス（空洞）が入っていないものを選んで。

冷蔵　保存場所 野菜室　保存の目安 10日

葉元 固めで甘みが強い。サラダ、甘めのおろし、薄味の煮物に。

中間 柔らかく、辛みと甘みのバランスがよい。おでん、ふろふき大根、濃い味の煮物に向く。

葉 ビタミンAが豊富。刻んで青みとして使う。

先端部 水分が少なめで辛みが強い。汁物の具、辛めのおろしなどに向く。

葉を切り落とし、3つに分けて保存

葉　切り口を湿らせる

葉元のぎりぎりのところに包丁を入れて葉を切り落とす。切り口に湿らせたキッチンペーパーを巻き、ポリ袋に入れ、立てて保存。

身　3つに分ける

身は部位ごとに味わいが違うので、3等分に切り分ける。それぞれキッチンペーパーで包み保存袋に入れて保存。キッチンペーパーが湿ってきたら取り替える。

冷凍	保存の目安	1ヵ月
	解凍方法	凍ったまま調理する。大根おろしは自然解凍で。

葉 塩もみして冷凍

細かく刻み、緑色の汁が出るまで塩でもみ、水洗いしてよく水けをしぼる。使いやすい分量ごとにラップで包み、冷凍用保存袋に入れる。

身 使いやすく切って生のまま冷凍

部位や分量に合わせて、使いやすい形に切る、すりおろすなどする。カットしたものは、冷凍用保存袋に入れてなるべく平らにして冷凍する。おろしたものは、アルミカップで小分けにして保存すると便利。

かぶ

表面がきめ細やかでつやがあるものを選びましょう。ひげ根が少ないほうが味がよいとされています。

冷蔵	保存場所	野菜室
	保存の目安	葉3日　身1週間

冷凍	保存の目安	1ヵ月
	解凍方法	凍ったまま調理する。

葉と身に分ける

葉を切り落として、湿らせたキッチンペーパーで包んでから保存袋に入れて立てて保存。身は、1個ずつキッチンペーパーで包んで、保存袋に入れる。

切って生のまま冷凍

葉と身、どちらも使いやすい大きさに切って、水けを拭いてから冷凍用保存袋に。葉は軽くゆでても。身はすりおろして冷凍しても便利。

根野菜 ● 大根　かぶ

にんじん

色が鮮やか、皮がなめらかで、茎の切り口が小さなものを。
茎の切り口が大きいものは固く、茶色に変色しているものは鮮度が落ちています。

冷蔵

- **保存場所**：野菜室
- **保存の目安**：2～3週間

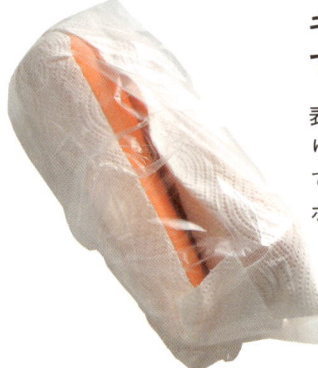

キッチンペーパーで包む

表面の水けを拭き取り、キッチンペーパーで1～2本ずつ包んでポリ袋に入れる。

冷凍

- **保存の目安**：1ヵ月
- **解凍方法**：凍ったまま調理する。

切って生のまま冷凍する

カットして生のまま冷凍。細切りや半月切りなどにしておくと便利。

ごぼう

洗いごぼうは鮮度が落ちやすいので、できるだけ泥つきのものを。
太さが均一で太すぎない、ひげ根が少なく、ひびやコブがないものを選んで。

冷蔵

- **保存場所**：野菜室
- **保存の目安**：2週間、洗いごぼうは5日

包む

泥つき
乾いた新聞紙で包み、ポリ袋に入れる。

洗いごぼう
湿らせたキッチンペーパーで包んでからポリ袋に入れる。

冷凍

- **保存の目安**：1ヵ月
- **解凍方法**：凍ったまま調理する。

切って生のまま冷凍

使いやすい形に切って水にさらし、水けを拭き取ってから冷凍用保存袋に入れて冷凍。

れんこん

ふっくらとして太く、持ったときにずっしりと重みがあるものが良品。
カットものは、切り口が紫色になっている部分があるものは避けて。

冷蔵｜まるごと
- 保存場所：冷蔵室
- 保存の目安：1週間

冷凍
- 保存の目安：1ヵ月
- 解凍方法：凍ったまま調理する。

水を注いだ容器に入れる
保存容器にれんこんを入れて、かぶるくらいの水を注いでフタをする。

切って生のまま冷凍
酢水にさらしてから、水けを拭き取り、使いやすい形に切って冷凍用保存袋に入れる。

さつま芋

色が鮮やかで太く、ひげ根のあとが小さいものを。
表皮の一部が黒く変色しているものは、古く、苦みが強くなっています。

常温
- 保存場所：風通しのよい場所
- 保存の目安：6ヵ月（夏期を除く）

冷凍
- 保存の目安：1ヵ月
- 解凍方法：凍ったまま調理する。

新聞紙で包む
1本ずつ新聞紙で包み、ポリ袋にまとめて風通しのよい場所に保存。

おいしさポイント
気温が12℃を超えたら冷蔵庫で保存を。ただし、冷やしすぎると甘みが薄れるので注意。

切って生のまま冷凍
皮つきのまま使いやすい大きさに切って水にさらす。水けを拭き取って、冷凍用保存袋に平らに入れる。

根野菜 ● にんじん　ごぼう　れんこん　さつま芋

じゃが芋

ふっくらとして皮に張りがあるものが良品。
皮にしわや傷があるもの、デコボコしているものや芽が出ているものは避けます。

常温

保存場所	風通しのよい場所、冷暗所
保存の目安	4ヵ月（夏期は除く）

りんごを入れる
段ボール箱に新聞紙を敷き、りんごを一緒に入れると発芽しにくい。上に軽く新聞紙をかけて通気性をよくしておく。

冷蔵

保存場所	野菜室
保存の目安	3ヵ月（夏期）

新聞紙で包む
芽が出やすいので夏場は野菜室に。低温に弱いので、新聞紙で包んでからポリ袋に入れて保存する。

冷凍

保存の目安	1ヵ月
解凍方法	凍ったまま調理する。

切って生のまま冷凍
皮をむいて、棒状やくし形など使いやすい形に切る。水にさらしてからよく水けをきって、冷凍用保存袋に入れる。

里芋

ふっくらと丸みがあり、皮が湿っていて割れていないものを選びましょう。
古くなるとカビ臭くなるので、ニオイもチェック！

常温

保存場所	風通しのよい場所
保存の目安	1ヵ月

泥つきのまま新聞紙で包む
泥つきのまま新聞紙で包んで風通しのよい場所に置く。

冷蔵

保存場所	野菜室
保存の目安	1週間

泥を落として干す
泥をきれいに洗って外で1日乾かす。新聞紙で包んでポリ袋に入れる。

冷凍

保存の目安	1ヵ月
解凍方法	凍ったまま調理する。

生のまま冷凍
皮をむいて軽く塩でもみ、水洗いする。水けを拭き取って、生のまま冷凍。

山芋・長芋

皮に張りがあり、重みがあるものを。小さな根やヒダの少ないほうが美味。カットものは、切り口が白くみずみずしく、なるべく太いものを。

冷蔵
- 保存場所：野菜室
- 保存の目安：1ヵ月

冷凍
- 保存の目安：1ヵ月
- 解凍方法：自然解凍、凍ったまま調理する。凍ったまますりおろせる。

まるごと
新聞紙で包む
新聞紙で包んでからポリ袋に入れる。

使いかけ
切り口を覆う
切り口をキッチンペーパーで包み、輪ゴムで留めて、保存袋に入れる。

生のまままるごと冷凍
皮をむいてラップで包み、冷凍用保存袋に入れる。皮つきのままでも冷凍できる。

切って生のまま冷凍
せん切りにして生のまま冷凍。もしくはすりおろして冷凍しても。

いろいろな根野菜が少しずつ残ったら
一つにまとめて冷凍すると便利！
ミックス根野菜

作り方
1. れんこんは皮をむいていちょう切りに。にんじんは皮をむいて半月切りに、ごぼうは斜め切りにする。
2. 1回に使用する分量を、冷凍用保存袋に入れて冷凍する。

● 保存の目安は1ヵ月ほど。凍ったまま調理できます。

こんな料理に使えます！
筑前煮、きんぴら、けんちん汁、豚汁など……。

根野菜 ●じゃが芋　里芋　山芋・長芋　ミックス根野菜

発芽野菜

生食にも使う発芽野菜。
包装のまま保存すると傷みやすいので注意を。

もやし

茎全体が白く、透明感のあるものが新鮮。
短めのもののほうが、味がよく、栄養価も優れています。

冷蔵

| 保存場所 | 冷蔵室、野菜室 | 保存の目安 | 10日 |

水を注いだ容器に入れる

保存容器に入れてかぶるくらいの水を加え、フタをして冷蔵保存。2日に1度水を取り替える。

おいしさポイント

水に浸すとビタミンなどの栄養が多少水に流れ出します。すぐに使わない場合は、未開封のまま冷凍を。食感は変わりますが、炒めものや汁物の具、和え物などに使えます。

冷凍

| 保存の目安 | 1カ月 |
| 解凍方法 | 凍ったまま調理する。 |

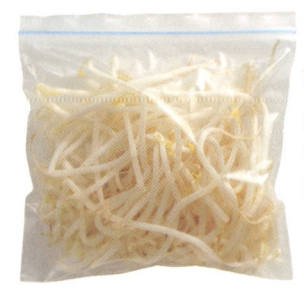

生のまま冷凍

未開封のものは、包装のまま冷凍。使いかけは、洗って水けを拭き取り、冷凍用保存袋に入れ、空気を抜いて閉じる。凍ったままスープや炒めものに。

おいしく保存ラボ 試してみました！

保存して8日目でこの差は大きい！

水に浸して保存 — Good!
色も変わらずシャキシャキの食感をキープ

通常2〜3日しかもたないもやしが、まだ鮮度をキープ。

包装のまま保存 — Bad...
未開封でもこの通り。ニオイもきつい！

芽や根が茶色くなり、茎もすっかり変色。ぬめりが出ていて、ニオイもきつい。

かいわれ

茎は白く、すっと伸びて、葉の緑色が濃いものが新鮮で美味。
底のスポンジが乾いているもの、葉がしおれているようなものは避けて。

冷蔵 冷凍は不向き。冷蔵で鮮度を保ち、早めに使い切って

保存場所	冷蔵室
保存の目安	1週間

根元を水に浸す

購入したパックにかいわれの根元部分まで水を注ぎ、ラップをかけて立てて保存。

おいしさポイント

未開封でもそのまま冷蔵庫に入れると、3日ほどで葉に黒い斑点が出てきます。すぐに使わない場合は、開封してこの方法で保存しましょう。

豆苗

葉の色が濃い緑色のものを選びましょう。根つきのほうがもちがよく、
2度収穫できます。カットものは、切り口が茶色くなっていないものを。

冷蔵

保存場所	冷蔵室、野菜室
保存の目安	10日

冷凍

保存の目安	1ヵ月
解凍方法	凍ったまま調理する。

水に浸す

根元を切って保存容器に入れ、ひたひたの水を注いでフタをして保存。
3日おきに水を取り替える。

おいしさポイント

切り落とした根元は、水を入れたバットにさしておくと2週間ほどで再収穫できます。

切って生のまま冷凍

根元を切って冷凍用保存袋に入れる。凍ったまま炒めもの、汁物や和え物の青みとして使う。

発芽野菜 ● もやし かいわれ 豆苗

きのこ

水分に弱い食材。
風味よく長持ちさせるには
湿気対策が大事。

しいたけ

カサの裏側が白く、薄く膜を張ったようなものが新鮮。
肉厚でカサがあまり開いていないもの、軸が太く短いものを選びましょう。

冷蔵
保存場所 野菜室　**保存の目安** 10日

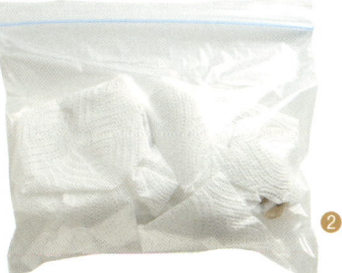

軸を上に向けて包む
① 石づきをつけたまま軸を上にして、2〜3個ずつキッチンペーパーで包む。
② 保存袋に入れて、軸を上にして保存する。

冷凍
保存の目安 1ヵ月
解凍方法 凍ったまま調理する。

生のまま冷凍
カサだけ、もしくは薄切りにして冷凍用保存袋に入れる。

おいしさポイント
きのこは、凍っていても包丁で切れるので、まるごと冷凍がおすすめ。

おいしく保存ラボ　試してみました！
保存8日目をチェック！

包んで保存 Good!
カサはふっくら、裏側も白いまま。
> カサも軸もふっくらおいしそう！

そのまま保存 Bad...
カサの裏が変色して、全体がすっかりしぼんでいます。
> カサの裏側は茶色っぽく乾燥している

カサの色、厚みにも違いがはっきり。

しめじ

カサが小さめで色濃く、軸が太くて短いものを選びましょう。
パック入りは、内側に水滴がついていないものを。

冷蔵
- 保存場所：野菜室
- 保存の目安：10日（ぶなしめじ）

冷凍
- 保存の目安：1ヵ月
- 解凍方法：凍ったまま調理する。

石づきを残す
石づきを残したまま、乾いたキッチンペーパーで包んでポリ袋に入れる。

ほぐして生のまま冷凍
石づきを落として小房に分け、冷凍用保存袋に入れる。

おいしさポイント
同じしめじでも保存期間に違いが。本しめじ、はたけしめじは約1週間、ひらたけしめじは購入から2〜3日。

おいしさポイント
きのこに水分は大敵。保存の際は洗わずに！

えのき

白く、軸が太く、束全体がシャキッとしているものを。
黄みを帯びたもの、袋に汗をかいているように水滴がついているものは避けて。

冷蔵
- 保存場所：野菜室
- 保存の目安：1週間

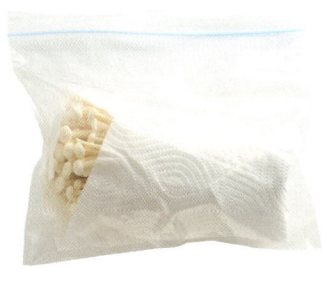

冷凍
- 保存の目安：1ヵ月
- 解凍方法：凍ったまま調理する。

包む
根元は切り落とさずにキッチンペーパーで包んで保存袋に入れる。

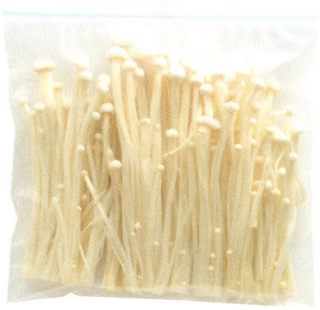

根元を切り生のまま冷凍
根元を切り落とし、平らにほぐして冷凍用保存袋に入れる。

マッシュルーム

カサが開きすぎず、肉厚の丸い山形で、軸が太いものを。白いマッシュルームは、漂白されているものもあるので、不自然に白いものは避けて。

冷蔵
- 保存場所：冷蔵室
- 保存の目安：1週間 生食は収穫後3〜4日、その後は加熱調理を

冷凍
- 保存の目安：1ヵ月
- 解凍方法：凍ったまま調理する。

包んで保存
洗わずに、キッチンペーパーで包んでポリ袋に入れる。保存の適正温度が2〜5℃なので、野菜室ではなく冷蔵室での保存を。

切って生のまま冷凍
薄切りにして、冷凍用保存袋に平らに並べて入れ、冷凍する。

エリンギ・まいたけ

エリンギは、軸が太く白く弾力のあるものが歯ごたえがよく、新鮮です。まいたけは、カサの部分が肉厚で色が濃く、触るとパリッと折れそうなものを選びましょう。

冷蔵
- 保存場所：野菜室
- 保存の目安：1週間

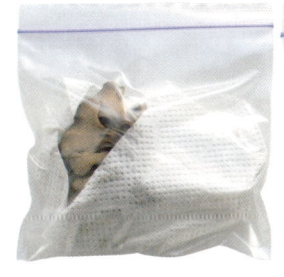

冷凍
- 保存の目安：1ヵ月
- 解凍方法：凍ったまま調理する。

生のまま包んで保存
包装から出して、そのままキッチンペーパーで包み、保存袋に入れる。

生のまま冷凍
生のまま、まるごと冷凍用保存袋に入れる。カットしたり、小房にほぐしたりして冷凍しても便利。

なめこ（真空パック）

カサが肉厚で粒がそろっていてつやがあるものを。
パック入りは、ゼリー状の部分ににごりが少ないものを選びましょう。

冷蔵
- 保存場所：チルド室
- 保存の目安：未開封は1週間、使いかけは3日

冷凍
- 保存の目安：1ヵ月
- 解凍方法：凍ったまま調理する。

未開封　チルド室で保存
そのままで、生育環境が近いチルド室で保存。

使いかけ　ゆでる
ゆでて、冷水にさらす。
水けをきり、フタつきの容器に入れてチルド室で保存。3日以内に使い切る。

おいしさポイント
真空パックのなめこは、きちんと下処理されていますが、使う前に流水で洗うとより安心です。

そのまま冷凍
袋ごと半分に折った状態で冷凍すると折って使えるので便利。

一つにまとめて冷凍すると便利！ ミックスきのこ
いろいろなきのこが少しずつ残ったら

作り方
1. しいたけは石づきを取って薄切りにする。しめじ、えのきは、それぞれ石づきを切り落としてほぐす。
2. 1回に使用する分量を冷凍用保存袋に入れて冷凍する。

マッシュルーム、まいたけなどを加えても。歯ごたえを楽しむエリンギは、冷凍すると固くなるので、生で加えるとよいでしょう。厚みや大きさをそろえるのがポイント。

● 保存の目安は1ヵ月ほど。凍ったまま調理できます。

こんな料理に使えます！
炊き込みご飯、ホイル焼き、マリネ、ピザのトッピング、汁物や鍋物の具材、付け合わせなど……。

きのこ ● マッシュルーム　エリンギ・まいたけ　なめこ（真空パック）　ミックスきのこ

薬味・ハーブ

少しずつ使うことが多いので、新鮮なうちに風味を保って保存！

しょうが

色が均一でふっくらと張りがあり、固いものを選びます。傷があるものや切り口が干からびているものは避けて。

冷蔵

保存場所 冷蔵室　**保存の目安** 1ヵ月

水にひたして保存

保存容器に入れ、かぶるくらいの水を注いで保存。水は3～4日おきに取り替えて。
まるごと、使い残し、薄切りにしたもの、いずれもこの方法でOK。

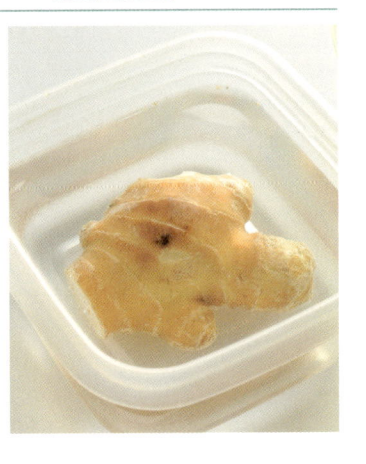

冷凍

保存の目安 1ヵ月　**解凍方法** 凍ったまま使う。

切って冷凍

すりおろし、みじん切り、せん切りなど、使いやすい大きさに切って少量ずつラップで包んで冷凍用保存袋に入れる。すりおろしたものは、棒状にラップで包んで冷凍しておけば、パキッと折って使える。

おいしく保存ラボ　試してみました！

保存8日目 こんなに違いが！

Good! 切り口もみずみずしく新鮮なまま！

水につけて保存
色もみずみずしさもそのまま。香りも残っています。

Bad... まだ使えるけど干からびく劣化は明らか

そのまま保存
表面が干からびて、内側も少し変色しています。

にんにく

全体に丸みがあり、頂点が締まっていて、大きさのわりに重いものを。
新鮮なものは白く、古くなると茶色くなってしなびてきます。

冷蔵
- **保存場所** チルド室
- **保存の目安** 2〜3ヵ月

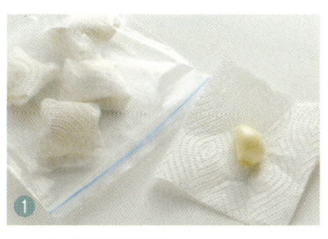

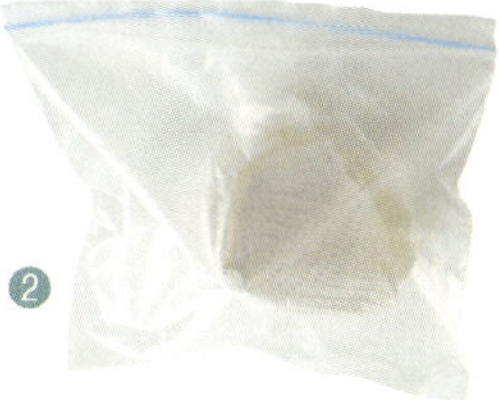

チルド室で保存
1. 使いかけは、皮をむき1粒ずつキッチンペーパーで包んで保存袋に入れる。
2. まるごとのものは、キッチンペーパーで包んで保存袋に入れる。

冷凍
- **保存の目安** 1ヵ月
- **解凍方法** 凍ったまま調理する。

切って冷凍
皮をむいて、使いやすく、みじん切り、薄切りにし、それぞれラップで包む。
冷凍用保存袋に入れ、平らにして冷凍する。

おいしさポイント
皮つきのまま小房に分けて冷凍しても。凍ったまま根元部分を切り落とし、包丁で皮をひっかけるようにむけばOK。

わさび

緑が鮮やか、根元から先端まで太さがほぼ均一で、しわの間が詰まっているもの。
先端部がやや薄い緑色のものが良品といわれています。

冷蔵
- **保存場所** チルド室
- **保存の目安** 1ヵ月

そのまま
湿らせた新聞紙で包んでからポリ袋に入れる。

使いかけ
すぐ使うときや使いかけは、保存容器で水につける。2日おきに水を取り替える。

冷凍
- **保存の目安** 1ヵ月
- **解凍方法** 凍ったまますりおろす。

そのまま冷凍
ラップで包んで冷凍用保存袋に。凍ったまますりおろせる。残ったわさびは、包みなおして冷凍庫に戻すこと。

おいしさポイント
表面に辛み、うまみ成分があるので、多少黒ずんでも表面を削らずにすりおろします。

みょうが

全体にふっくらと丸みがあり、先が閉じているものを選びましょう。
花が開いたもの、触るとふかふかとして柔らかいものは避けて。

冷蔵
- 保存場所　冷蔵室、野菜室
- 保存の目安　2週間

水を注いだ容器に入れる
保存容器にかぶるくらいの水を入れて保存。3日に1度取り替える。

おいしさポイント
切って残ったものは、容器に戻してOK！　3日以内に使い切るように心がけて。

冷凍
- 保存の目安　1ヵ月
- 解凍方法　凍ったまま調理する。

切って生のまま冷凍
みじん切り、薄切り、輪切りなど用途別に切る。冷凍用保存袋に入れて、平らにならして冷凍。

かぼす・すだち

緑色が濃く、表面につやがあって、大きさのわりに重量感があるものを。
なにより香りがよいことが大切です。

冷蔵
- 保存場所　野菜室
- 保存の目安　2週間

1個ずつラップで包んで保存袋に。切ったものは、ラップを切り口に当てて包み、2日以内に使い切る。

冷凍
- 保存の目安　1ヵ月
- 解凍方法　自然解凍

切って冷凍
くし形に切って保存容器に入れ、フタをして冷凍する。

おいしさポイント
常温保存もできますが、追熟して色が黄色くなってしまうので、くし形切りにしたり果汁を使いやすく小分けにして冷凍保存がおすすめです。

柚子

実に張りがあり、ヘタの切り口が茶色くなっていないものを。
柚子の木には鋭いトゲがあるので、多少の傷があっても味や香りは遜色なし！

冷蔵
- 保存場所：野菜室
- 保存の目安：10日

冷凍
- 保存の目安：1ヵ月
- 解凍方法：凍ったまま使う。

包んで保存
1個ずつラップで包む。保存袋に入れ、袋の中の空気を抜いて閉じる。

おいしさポイント
香りが命なので、すぐ使わない場合や使いかけは、冷蔵するより冷凍を。

まるごと・果汁
まるごとは、ラップで包んで冷凍。皮は、凍ったままカットできる。実は自然解凍して果汁に。果汁を冷凍する場合は、アルミカップに注ぎ、凍結後、冷凍用保存袋に入れる。

皮 せん切りにする
せん切りにし、金属トレイに並べて冷凍。凍結後に小分けにしてラップで包み、冷凍用保存袋にまとめる。

クレソン

葉が黄色くなっているもの、全体にしなだれているものは避けて。
濃い緑の葉がたくさんついているものを選びましょう。

冷蔵
- 保存場所：冷蔵室、野菜室
- 保存の目安：1週間

冷凍
- 保存の目安：1ヵ月
- 解凍方法：凍ったまま調理する。

ビンに立てて保存する
水を入れたグラスにさし、ポリ袋をかぶせて口を輪ゴムで留める。毎日水を取り替え、葉についた水分を拭き取る。

ざく切りにして生のまま冷凍
ざく切りにして冷凍用保存袋に入れ、中の空気を抜いて閉じる。生食は不向き、凍ったままスープなどに入れて。

パセリ

葉先から茎まで緑色が鮮やかなものを選びます。
鮮度が落ちてくると葉の色は黄色っぽく、茎はしなだれてきます。

冷蔵
- 保存場所：冷蔵室、野菜室
- 保存の目安：2週間

水にさして保存する

水を入れたグラスにさして、ポリ袋をかぶせ、輪ゴムで留める。

冷凍
- 保存の目安：1ヵ月
- 解凍方法：凍ったまま使う。

葉と茎に分けて冷凍する

洗って水けを拭き、茎と葉を分ける。
冷凍用保存袋に入れ、空気を抜いて閉じる。

パクチー（香菜）

葉がみずみずしく緑色が鮮やか、茎があまり太くないものを。
鮮度が落ちてくると葉が黄色っぽくなってきます。

冷蔵
- 保存場所：野菜室
- 保存の目安：2週間

湿らせたキッチンペーパーと一緒に保存

水に1〜2分さらして水けを拭き、湿らせたキッチンペーパーを敷いた保存容器に入れてフタをする。

冷凍
- 保存の目安：1ヵ月
- 解凍方法：凍ったまま使う。

葉と根に分けて冷凍する

葉と根に分けて、葉はざく切りにする。
葉は、冷凍用保存袋に平らにして入れ、空気を抜いて閉じる。根は、ラップでぴったりと包む。

西洋ハーブ

新鮮なハーブは、葉も茎も色鮮やかです。
臭み消しや香りづけに使うものなので、香りがよいものを選ぶのが一番。

冷蔵
- 保存場所：野菜室
- 保存の目安：2週間

湿らせたキッチンペーパーと一緒に

❶ 洗って水けを拭き取る。湿らせたキッチンペーパーを敷いた保存容器に入れる。

❷ 上からも湿らせたキッチンペーパーを軽くのせてフタをする。

冷凍
- 保存の目安：1ヵ月
- 解凍方法：凍ったまま使う。

葉を摘む

葉を摘んでポリ袋に入れ、少しふくらませて口を結ぶ。

ミントの葉を水と一緒に製氷器で凍らせた「ミント氷」は、飲み物や冷たいパスタソースなどに。

いろいろなハーブが少しずつ残ったら

ドライハーブにしておけば便利！
ドライハーブ

作り方
❶ 残りがちなハーブは新鮮なうちに葉を摘み、耐熱皿の上にキッチンペーパーを敷いて並べる。

❷ 600Wの電子レンジで3分ほど加熱し、手でもんで細かく粉末にしたら、手作りのドライハーブの完成。

● 粗熱をとってビンなどに入れて保存すれば、1ヵ月ほどもちます。パセリ・バジル・オレガノ・ミントなど、お好みのハーブでどうぞ。

こんな料理に使えます！
パスタ、グリルチキン、トマトソース、サラダ、クッキー、焼き菓子など……。

薬味・ハーブ ● パセリ　パクチー（香菜）　西洋ハーブ　ドライハーブ

果物

生育環境がそれぞれに違う果物は、種類によって**適切な温度**で保存を。

いちご

ヘタが濃い緑色、軽く上に反り返っているものが新鮮。
実は赤く、表面のツブツブが立っているものを選びましょう。

冷蔵

保存場所 野菜室　**保存の目安** 5～6日

重ならないように並べる

洗わずにヘタを下にして重ならないように保存容器に並べて入れる。フタをして保存する。

おいしさポイント

切ったり、水けがついたままだと傷みやすくなります。一つでも傷んだものがあるとすぐ伝染するので、パックから出して保存を。ヘタは、食べる直前に取りましょう。

冷凍

保存の目安 3ヵ月
解凍方法 凍ったまま食べる、スムージーやジャムなどに使う。

ヘタを取り砂糖をまぶす

ヘタを取ってから洗い、水けを拭く。5～10%の砂糖をまぶして、冷凍用保存袋に入れる。
※いちご1パックに対して砂糖大さじ1½が目安。

おいしさポイント

砂糖をまぶすのは、冷凍したいちごは甘みが弱くなるため。凍らせるときにいちご同士がくっついてしまうのも防げます。

ブルーベリー

粒が大きく張りがあり、皮の色が濃く、表面にブルームと呼ばれる白く粉をふいたような感じになっているものが良品。

冷蔵
- **保存場所** 野菜室
- **保存の目安** 10日

冷凍
- **保存の目安** 6ヵ月
- **解凍方法** 凍ったまま食べる、使う。

洗わないで保存
水分は腐敗の原因になるので、濡れていたらよく拭き取る。保存容器に入れ、フタをして保存する。

水洗いして保存
水洗いしたら水けを拭き取り、使いやすい分量ごとに冷凍用保存袋へ入れる。

> **おいしさポイント**
> ブルーベリーにはブルームと呼ばれる白い粉が付着。乾燥から防いでいるので洗わずに。また、粒が小さいほどポリフェノールが多く、その分渋みを強く感じます。病気などから身を守るためブルーベリー自身が出しているので、このブルームがきちんとついているもののほうが栄養素も守られています。

キウイ

表面の毛が生えそろい、きれいな俵形をしたものを。
部分的に毛が薄くなっていたり、柔らかくなっているものは避けます。

冷蔵
- **保存場所** 野菜室
- **保存の目安** 1～2ヵ月

冷凍
- **保存の目安** 1ヵ月
- **解凍方法** 凍ったまま食べる、使う。

ポリ袋に入れる
ポリ袋に入れて、袋の口を結ぶ。過熟を防げるので1～2ヵ月保存できる。

> **おいしさポイント**
> キウイは冷気に弱いので冷蔵室での保存は禁物。冷やして食べたいときは、食べる2～3時間前に冷蔵室に移しましょう。

砂糖をまぶす
❶ 皮をむいて輪切りにする。変色を防ぎ、甘みを加えるために、砂糖を振りかける。
❷ 冷凍用保存袋に平らに入れる。

オレンジ・グレープフルーツ

柑橘類は、皮に張りがあって、なるべく重いものを選びましょう。
グレープフルーツは大きいものほどよく熟していて美味。

冷蔵

保存場所	野菜室
保存の目安	3〜4週間

袋に入れる

オレンジやグレープフルーツは、乾燥しないようにポリ袋に入れて、冷蔵庫の野菜室で保存する。

おいしさポイント

グレープフルーツは、みかんに比べると皮が厚いので傷みにくいのですが、夏場は、温度や湿度が高いので常温保存は避けましょう。夏場以外でも、購入後3日以内に食べ切れないようなら冷蔵庫で保存します。

冷凍　1切れずつバラバラに凍らせてから保存袋に入れる

保存の目安	1ヵ月
解凍方法	凍ったまま食べる、使う。

切ってから凍らせる

皮と薄皮を除いて、果肉を1房ずつにする。ラップを敷いた金属トレイに並べて冷凍。凍結したら冷凍用保存袋にまとめる。

おいしさポイント

凍ったままか半解凍で食べるのがおすすめ。デザートとしてだけでなく、ケーキや紅茶に添えるなど使い勝手は抜群。早めに果肉をしぼってジュースにして冷凍しても。

みかん

ヘタが小さく緑色で、軸が細いものが良品。
大きなものより、小さく横に平べったいもののほうがおいしいといわれています。

常温
保存場所 通気がよい低温の場所
保存の目安 2週間

冷蔵
保存場所 野菜室
保存の目安 3週間

メッシュカゴなどに新聞紙を敷き、みかんを入れると長持ち。風通しのよい低温の場所に。

おいしさポイント
段ボール箱での保存は、乾燥やカビが心配。たまに上下を入れ替え、傷んでいるものがあればすぐに取り出して。

袋に入れヘタを下にする
乾燥を防ぐためにポリ袋に入れる。ヘタを下にして保存すると傷みにくい。

冷凍
保存の目安 1ヵ月　**解凍方法** 自然解凍、凍ったまま食べる。

水をつけて冷凍する
1. そのまま金属トレイに並べて凍らせる。
2. 1つずつ水にくぐらせてから再び金属トレイに並べて冷却。
3. しっかり凍らせたら、冷凍用保存袋に入れる。

おいしさポイント
水にくぐらせて再凍結させるのは、氷の膜を作って乾燥を防ぐため。

果物 ● オレンジ・グレープフルーツ　みかん

さくらんぼ

軸が鮮やかな緑色でシャキッと伸びているものが新鮮。
実が赤く、固く締まっているものを選びましょう。

冷蔵
- **保存場所**: 野菜室
- **保存の目安**: 4〜5日

冷凍
- **保存の目安**: 1ヵ月
- **解凍方法**: 凍ったまま食べる。

新聞紙で包む
パックごと新聞紙で包む。冷やしすぎると果肉が固くなり、甘みがなくなるので、野菜室で保存する。

軸をつけたまま冷凍する
軸をつけたまま水洗いし、水けをしっかり拭き取って冷凍用保存袋に入れる。
冷凍室から出して約3分。実の表面に白く霜がついてきたら食べごろ。

いろいろな果物が少しずつ残ったら

一つにまとめて冷凍すると便利！ ミックスベリー

作り方
イチゴは縦半分に切って、ブルーベリーと一緒に冷凍用保存袋に入れる。

● その他、メロン、バナナ、キウイ、マンゴー、ぶどうなど、好きなノフルーツで組み合わせても。
保存の目安は1ヵ月ほど。凍ったまま調理できます。

こんな料理に使えます！
ジャムやソース、スムージー、凍ったままドリンクに浮かべるなど……。

桃

全体が赤く色づき、お尻のほうは白っぽいものが甘くて美味。
真ん中の割れ目を中心に左右対称で、やや横広がりのものを選びましょう。

冷蔵
- 保存場所　野菜室
- 保存の目安　5日

冷凍
- 保存の目安　1ヵ月
- 解凍方法　凍ったまま食べる。

ラップとポリ袋で二重に包む

冷えすぎると甘みがなくなるので、ラップで包んでポリ袋に入れる。

切って砂糖を振る

皮と種を取り、食べやすくカットする。保存容器に入れて、砂糖を振る。変色防止にレモン水にさっとくぐらせて冷凍しても。

おいしさポイント
過熟を防ぐため、野菜室で保存を。

ぶどう

果粒がはちきれそうにふくらみ、茎は太めなほうが良品。
果実全体に、ブルームと呼ばれる白い粉のような結晶が出ているものを。

冷蔵
- 保存場所　野菜室
- 保存の目安　1週間

冷凍
- 保存の目安　1ヵ月
- 解凍方法　凍ったまま食べる。

枝を5mm残して切る

枝を5mmほど残して1粒ずつ切り離して、保存容器に入れる。

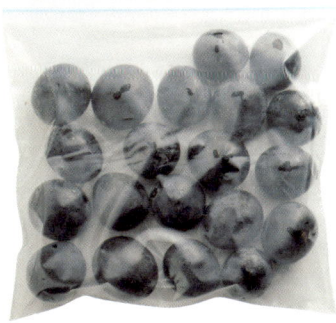

実だけで保存する

実を1粒ずつはずして、冷凍用保存袋に平らに入れる。

おいしさポイント
房のまま保存すると、下になった部分から傷んできます。

果物 ● さくらんぼ　桃　ぶどう　ミックスベリー

りんご

全体が均一に色づいていて、指で弾くと澄んだ音がするものが良品。
なるべく形がよく、香りのよいものを選びましょう。

冷蔵
- 保存場所　野菜室
- 保存の目安　1ヵ月

冷凍
- 保存の目安　1ヵ月
- 解凍方法　凍ったまま食べる、使う。

二重に包む
常温では熟成が早まるので、冷蔵がおすすめ。冷えすぎないようにポリ袋を二重に。

おいしさポイント
野菜や果物の成熟を促す「エチレン」という植物ホルモンを多く発生するりんごは、むき出しで保存すると他のものが腐りやすくなることがあるので注意。

切って生のまま冷凍
❶食べやすく切って、薄い塩水にさらす。
❷水けを拭いてから冷凍用保存袋に平らに入れて冷凍する。

おいしさポイント
冷凍したりんごは、シャーベットやスムージーに。すりおろしてカレーに加えても。

なし

枝つき側は肩が張っているようにふくらみ、
お尻がふっくらと豊かなものを。大きめのものが甘みがあります。

冷蔵
- 保存場所　野菜室
- 保存の目安　1週間

冷凍
- 保存の目安　1ヵ月
- 解凍方法　自然解凍

包む
1個ずつラップで包んで、ポリ袋に入れる。ヘタを下にするとより長持ちする。

生のまま冷凍
皮と芯を取り除き、8等分に切って冷凍用保存袋に並べ、冷凍保存。室温に10分程度置いてシャーベットとしていただく。スムージーにしても。

柿

ヘタが濃い緑色で、実にぴったりとついているもの。
一般に、実が均一に色づいて、大きいものはおいしいといわれています。

冷蔵
- 保存場所：野菜室
- 保存の目安：3週間

冷凍
- 保存の目安：1ヵ月
- 解凍方法：自然解凍

ヘタを湿らせ ヘタを下にする
湿らせたキッチンペーパーをヘタの部分に当ててからラップで包む。ヘタを下にしてポリ袋に入れ、野菜室へ。

皮をむいて平らに並べる
皮をむいて縦6等分に切る。冷凍用保存袋に並べて入れる。シャーベットとしていただく。スムージーにしても。

栗

表面がつやつやで張りがあり、ふっくらと丸みがあるものを。
虫食い穴や傷がないものを選びましょう。

冷蔵
- 保存場所：チルド室
- 保存の目安：1ヵ月

冷凍
- 保存の目安：1ヵ月
- 解凍方法：凍ったまま調理する。

新聞紙で包む
水けを拭き取り、新聞紙に包んで、ポリ袋に入れる。

皮をむいて生のまま冷凍する
皮と渋皮を取り、水にさらす。水けを拭いてから冷凍用保存袋に入れる。

おいしさポイント
0℃で冷やすことで長期保存ができ、甘みもアップ。

果物 ●りんご なし 柿 栗

バナナ

茎が太くて短いものなら間違いなし！　追熟するので多少青みがかっていても大丈夫。角ばっているものより角に丸みがあるものを。

常温
- 保存場所：風通しのよい場所
- 保存の目安：1週間（気温25℃以下）

吊るす
包装のままでは追熟が進むので、袋から出して、バナナハンガーなどで吊るす。皮に斑点が出るくらい置いておくと免疫力アップに有効。

冷蔵
- 保存場所：野菜室
- 保存の目安：10日

冷凍
- 保存の目安：1ヵ月
- 解凍方法：凍ったまま食べる、使う。

包んで保存
夏場は傷みやすいので、1本ずつラップに包んで保存袋に入れる。皮が黒くなっても、身は熟成が進まずきれいなまま。

輪切りにする
身を輪切りにして、冷凍用保存袋に平らに並べて入れる。シャーベットやスムージーに。

スイカ

しま模様がくっきりしているものが良品。カットしたものは、種が黒々としているものを選んで。種が白いものは未熟で甘みがありません。

冷蔵
- 保存場所：野菜室
- 保存の目安：4〜5日

冷凍
- 保存の目安：1ヵ月
- 解凍方法：凍ったまま食べる。

一口大に切る
皮を取って一口大に切り、保存容器に入れて野菜室に。場所も取らずに保存できる。

切って冷凍
一口大に切って、ラップを敷いた金属トレイに並べて凍らせる。凍結したら冷凍用保存袋にまとめて保存。

メロン

皮の網模様が盛り上がっているものを。
網なしメロンは、色が均一で、黒っぽい斑点や筋が入っていないものを選びます。

冷蔵
- 保存場所：野菜室
- 保存の目安：2～3日（カット後）

冷凍
- 保存の目安：1ヵ月
- 解凍方法：凍ったまま食べる。

切り口を覆う

種を取って、ラップを切り口に密着させて包み、ポリ袋に入れて保存する。

おいしさポイント
切り分けていないものは常温保存を。お尻からよい香りがしてきたら食べ頃。食べる2～3時間前に冷やします。

切って冷凍

皮と種を取って、果肉を一口大に切る。ラップを敷いた金属トレイに並べて凍らせる。バラバラに凍結させて冷凍用保存袋にまとめる。

パイナップル

下のほうに糖分がたまるので、下ぶくれしているものは甘くて美味。
カットものは、果肉が濃く色づいて、つやのあるものを選びましょう。

冷蔵
- 保存場所：野菜室
- 保存の目安：4～5日（まるごと）

冷凍
- 保存の目安：2ヵ月
- 解凍方法：凍ったまま食べる。

葉の部分を下に

葉の部分が長いときはカットする。葉の部分を下にして、新聞紙で包む。まるごと保存すると甘みが全体にいきわたる。

一口大に切る

果肉を一口大に切って、ラップを敷いた金属トレイに並べて冷凍。凍ったら冷凍用保存袋に。

おいしさポイント
追熟しないので、最初から冷蔵して早めに食べましょう。

果物 ● バナナ スイカ メロン パイナップル

マンゴー

色鮮やかで、触ったときに張りがあり、柔らかすぎないものを。
表面がなめらかなものが新鮮。古くなると皮にしわやたるみができます。

冷蔵
- 保存場所：野菜室
- 保存の目安：2週間

冷凍
- 保存の目安：1カ月
- 解凍方法：自然解凍

ラップとポリ袋で包む
むき出しで冷蔵庫に入れると、皮がふやけてしまうので注意。1個ずつラップで包んでからポリ袋に入れて保存すると熟成がおさまり、冷えすぎや乾燥も防げる。

カットして冷凍する
皮をむいて種を取り、スライス、ダイス状など好みの形に切る。冷凍用保存袋や保存容器に入れて保存する。

アボカド

形はきれいな卵形、果皮につやと張りがあり、ヘタが果皮とすき間なくついているものを選びましょう。すぐ食べるなら皮が黒みがかったものを。

冷蔵
- 保存場所：野菜室
- 保存の目安：1週間（まるごと）

冷凍
- 保存の目安：1～2カ月
- 解凍方法：自然解凍

まるごと
ラップで1個ずつ包んで保存袋に入れる。熟しすぎるのを防ぐ。

カットしてレモン汁をかけて冷凍
一口大に切った果肉に、変色防止のためにレモン汁をかける。冷凍用保存袋に入れて、平らにならして冷凍する。

カットしたもの
種をつけたほうを保存する。切り口にレモン汁をぬり、空気に触れないようにラップでぴったりと包む。5日以内に使う。

自然解凍後ペースト状にしてソースやディップなどに。

レモン

皮の表面がつややかなものが新鮮。よく香りの立っているものは、中身も十分に熟し、特有の酸味も申し分ない証拠です。

冷蔵

| 保存場所 | 野菜室 | 保存の目安 | 10日 |

まるごと

包む
ラップで1個ずつ包んで保存。

カットしたもの

水を入れたグラスにさす
半分にカットしたものは、水を数滴入れたグラスに、切り口を下にして水に触れないようにして入れてラップで覆う。くし形切りや輪切りにしたものは日持ちしないので、残ったら冷凍する。

冷凍

くし形切りや果汁にして使いやすく

| 保存の目安 | 1ヵ月 |
| 解凍方法 | 自然解凍。凍ったまますりおろしても。 |

くし形切りや輪切りにして凍らせる。自然解凍して、果汁をしぼる、揚げ物に添えるなどして使う。果汁はアルミカップに入れて冷凍すると使いやすい。凍結したら冷凍用保存袋や保存容器にまとめて。

おいしく保存ラボ　試してみました！
半分に切ったレモンを8日間保存

Good! ギュッとしぼれば爽やかなレモン果汁に

グラスで保存
切り口はきれいなまま。爽やかな香りも保たれています。

Bad... 干からびて果肉もパサパサに

そのまま保存
皮の乾燥が進んでしなびた状態に。ひとまわり小さくなっています。

果物　●マンゴー　アボカド　レモン

肉

常温に置きっぱなしは厳禁。
空気に触れないように
密閉保存が基本です。

鶏

水分が多く、傷みやすいので、冷蔵でも風味が保てるのは2〜3日、挽き肉は1〜2日です。それ以上保存したい場合は、早めに冷凍保存を。買い物には保冷材や保冷バッグを用意し、帰宅後はすぐにチルド室に入れましょう。

鶏むね肉

すぐ使わないものは即冷凍。上手に保存すれば、パサつきや固くなることもありません。

冷蔵

保存場所	チルド室
保存の目安	3日

塩と酒を振って保存

表面の水けをていねいに拭き取り、塩と酒を振って、ラップでぴったりと包む。
保存袋に入れる。塩と酒を振ることで傷みにくくなる。
未開封のパックは、そのままチルド室で保存。

冷凍

保存の目安	1ヵ月
解凍方法	自然解凍、または半解凍して調理する。

下味をつけて冷凍

一口大に切りわけ、下味をつける。たれごと冷凍用保存袋に入れて、平らにし、空気を抜いて閉じる。
下味をつけることで、パサつき、硬くなるのを防げる。
照り焼き、からあげの下味がおすすめ。

鶏もも肉

少量の塩と酒を振ることで保存性が高まります。

冷蔵

保存場所 チルド室　**保存の目安** 3日

塩と酒を振る

表面の水けを拭き取り、表面に塩と酒を軽く振って、ラップでぴったりと包み、保存袋に入れる。
塩と酒を振ることで傷みにくくなる。未開封のパックは、そのままチルド室へ。

おいしさポイント
皮も捨てずに活用。傷みやすいので、ゆでて冷凍しておきましょう。

冷凍

保存の目安 1ヵ月
解凍方法 自然解凍、凍ったまま調理する。

切って ½枚ずつ

軽く酒を振ってしばらく置き、表面の水けを拭き取って、ラップでぴったりと包む。
冷凍用保存袋に入れ、中の空気を抜いて閉じる。

ゆでて ゆでて細くほぐす

❶ 皮を取って、長ねぎの青い部分やしょうがと一緒にゆでる。
❷ 冷めたら身を割いて、小分けしてラップで包んで冷凍用保存袋に入れる。

一口大に

一口大に切り、ラップを敷いた金属トレイに間隔を空けて並べて凍らせる。完全に凍結したら冷凍用保存袋に入れる。

鶏挽き肉

傷みやすいので、すぐ使わない場合は、購入当日に冷凍保存を。

冷蔵

保存場所	チルド室
保存の目安	2日

水分を拭き取って保存

未開封のパックは、そのままチルド室へ。
ドリップが出ていた場合やパックが大きくてチルド室に入らない場合は、キッチンペーパーで水分を拭き取り、ラップでぴったりと包んで、保存袋に入れる。

冷凍

そのまま

保存の目安	3週間
解凍方法	自然解凍、凍ったまま調理する。

薄く平らにして筋を入れる

冷凍用保存袋に薄く平らに入れ、中の空気を抜いて閉じる。菜ばしなどで押して、袋の中央に筋を入れる。使うときは、凍った状態で、袋のまま筋の部分を折り曲げて取り出せるので便利。

調理して

保存の目安	1ヵ月
解凍方法	凍ったまま調理する。

肉団子にしてゆでる

肉だんごにしてゆで、冷ましてから冷凍用保存袋に重ならないように並べて入れる。炒めてそぼろにしても便利。小分けにラップでつつみ、冷凍用保存袋に入れる。

おいしさポイント

赤い水分「ドリップ」には、うまみ成分も含まれています。ドリップの流出を抑えて、おいしく解凍するには、チルド室での自然解凍が有効。急ぐときは、流水解凍がおすすめです。

ささみ

「そのまま」冷凍がおすすめ。調理して冷凍するより手間がかからず、使い勝手よし！

冷蔵
- 保存場所：チルド室
- 保存の目安：3日

冷凍
- 保存の目安：1ヵ月
- 解凍方法：自然解凍、凍ったまま調理する。

密閉する
未開封のパックはそのまま保存。パック内にドリップが出ていたら開封して、水分を拭き取る。ラップでぴったりと包み、保存袋に並べて入れる。

酒を振って冷凍
① 筋に沿って包丁を入れて開く。酒を振ってしばらく置き、水分を拭き取る。
② ラップでぴったりと包み、冷凍用保存袋に入れる。

手羽元・手羽先

下ゆでなしでおいしく保存。骨つきの鶏もも肉を保存するときもこの方法で。

冷蔵
- 保存場所：チルド室
- 保存の目安：3日

冷凍
- 保存の目安：3～4週間
- 解凍方法：自然解凍、凍ったまま調理する。

流水で洗ってから保存
流水で洗って、水けをしっかりと拭き取る。保存袋に並べて入れて、空気を抜いて閉じる。

酒を振って冷凍保存
軽く酒を振ってしばらく置き、水けをよく拭く。冷凍用保存袋に並べて入れ、空気を抜いて閉じる。

> **豚** 冷蔵の目安は、かたまりや厚切りなら3〜4日、薄切りやこま切れは2日程度、挽き肉は2日。すぐ使わない場合は、消費期限前でも早めに冷凍。2週間以内に使うなら、パックのまま冷凍してもOK。

豚ブロック肉

冷蔵はそのまま、冷凍は使い道を決めて、切ったり、調理したりして使いやすく！

冷蔵

保存場所 チルド室　**保存の目安** 3日

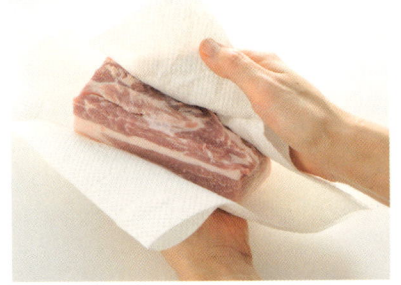

密閉する

パックから取り出して、水けを拭く。全体をぴったりとラップで包み、保存袋に入れる。

冷凍

保存の目安 1ヵ月　**解凍方法** 自然解凍、凍ったまま調理する。

かたまり　ラップ＋アルミホイルで包む

水けを拭き、ラップでぴったりと包む。全体をアルミホイルで包み、金属トレイにのせて凍らせる。凍結したら冷凍用保存袋に入れる。

切って　使いやすく切って冷凍

用途に合わせた大きさに切る。ラップを敷いた金属トレイに、間隔を置いて並べて凍らせる。完全に凍結したら冷凍用保存袋に。

ゆでて　肉とゆで汁を分けて冷凍

長ねぎ、しょうがと一緒にゆでて、食べやすい大きさに切り分けて冷凍用保存袋に入れる。ゆで汁も冷凍して、スープや煮物などに使う。

豚厚切り肉

購入から3日以内に使わない場合は、下味や衣をつけて冷凍しましょう。

冷蔵

保存場所	チルド室
保存の目安	3日

密閉する
パックから出して水けを拭き、1枚ずつラップでぴったりと包む。
保存袋に入れ、空気を抜いて閉じる。

冷凍

1枚ずつ

保存の目安	1ヵ月
解凍方法	自然解凍

アルミホイルで包む
水けを拭き、ラップでぴったりと包む。
アルミホイルで包み、間隔を空けて金属トレイに並べて凍らせる。凍結したら冷凍用保存袋にまとめる。

調理して

保存の目安	3週間
解凍方法	凍ったまま調理する。

衣をつける
とんカツの衣をつけて、冷凍用保存袋に入れて冷凍する。凍ったまま揚げることができるので、まとめて作っておくと便利。

おいしさポイント
しょうが焼きなどの下味をつけて冷凍すると、味がよく染み込み、肉も柔らかくなります。

肉 ● 豚ブロック肉　豚厚切り肉

豚薄切り肉

傷みやすいのですぐ使わないようなら、ゆでたり、下味をつけたりして冷凍保存を。

冷蔵

保存場所	チルド室
保存の目安	3日

密閉する

未開封のパックはそのままでOK。パックの中に水分が出ていたり、使いかけを保存する場合は、水分を拭き取り、1枚ずつずらして、薄く平らに重ねて、ラップでぴったりと包む。保存袋に入れて、チルド室へ。

冷凍

保存の目安	1ヵ月	解凍方法	自然解凍、凍ったまま調理する。

用途別に保存

そのまま
数枚ずつ薄く重ねて、ラップでぴったりと包み、冷凍用保存袋に入れる。保存は1ヵ月。

ゆでて
塩と酒を加えた熱湯でゆでて、冷ましてから冷凍用保存袋に入れる。保存は1ヵ月。

味付けして
好みのたれと一緒に冷凍用保存袋に入れる。野菜やきのこを加えても。保存は2ヵ月。

おいしく保存ラボ 試してみました！
冷凍→解凍、おいしさに大差が！

Good!
色鮮やか ドリップもなく ふっくら

密閉して冷凍
空気に触れないように密閉。水分がほどよく保たれているのでみずみずしい。

Bad...
水分が蒸発 色が悪く ニオイもする

そのまま冷凍
庫内の乾燥で冷凍焼けに。水分と一緒にうまみ成分も流出。

豚挽き肉

買い物から帰ったらすぐにチルド室へ。冷蔵は2日、冷凍は3週間を目安に。

冷蔵

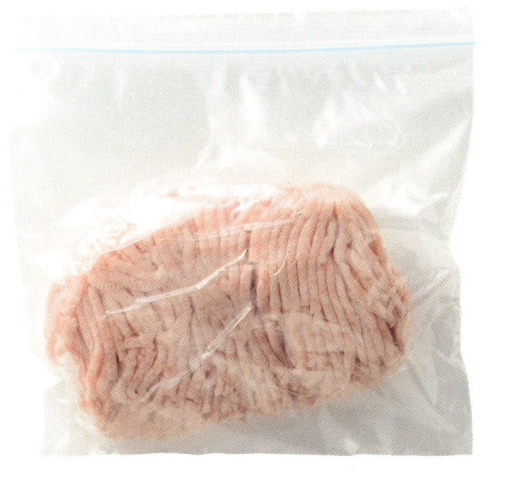

保存場所	チルド室
保存の目安	2日

水分を拭き取って保存

未開封ならパックのままチルド室で保存。未開封でも中に水分が出ていた場合、開封したものは、表面の水分を拭き取って、ラップでぴったりと包む。
保存袋に入れて、チルド室へ。

冷凍 少量なら「そのまま」、まとめ買いしたら「調理して小分け」

そのまま

保存の目安	3週間	解凍方法	自然解凍

薄く平らにして筋を入れる

冷凍用保存袋に薄く平らに入れる。菜ばしなどで袋の上から筋を入れる。
凍ったまま筋のところで折って取り出せる。

調理して

保存の目安	2ヵ月	解凍方法	自然解凍

加熱して冷凍

長ねぎと炒め、塩・胡椒で味付けしてそぼろを作る。
冷ましてから、小分けにしてラップでぴったりと包む。
冷凍用保存袋に入れて冷凍する。

おいしさポイント

傷みやすい挽き肉も、加熱調理して冷凍すると長く保存できます。解凍後、コロッケやチャーハンに。

牛

冷蔵の保存期間の目安は、かたまりのものが5日程度、スライスしたものは3日前後、挽き肉は購入日を含めて2日。上手に冷凍すれば1ヵ月は十分にもちますが、冷凍焼けを起こす前に使い切るようにしましょう。

牛ブロック肉
高級なお肉だからこそ、おいしく保存しましょう。

冷蔵
保存場所 チルド室　**保存の目安** 5日

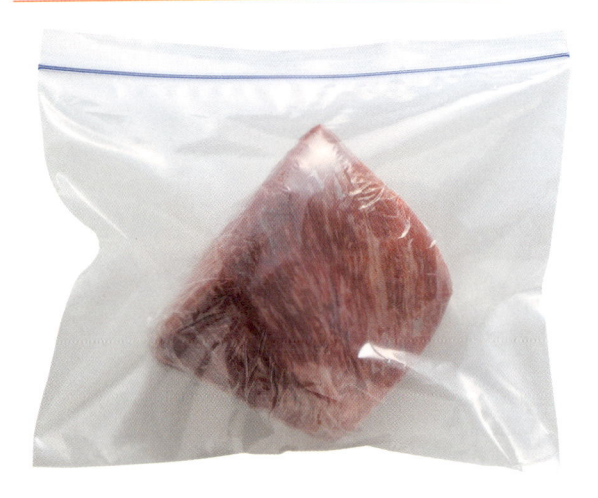

密閉する
パックから取り出して水けを拭き、ラップでぴったりと包む。
保存袋に入れて、中の空気を抜いて閉じる。

おいしさポイント
かたまりや厚切り肉は、中が冷たいままだと表面だけが焼けておいしくありません。使用する30分くらい前に冷蔵庫から出して室温に置きましょう。

冷凍
保存の目安 1〜2ヵ月　**解凍方法** 自然解凍

ラップ＋ホイル＋袋＋容器で
❶ 表面の水けをよく拭き取って、ラップでぴったりと包む。アルミホイルで全体を包み、金属トレイにのせて冷凍する。
❷ 凍ったら冷凍用保存袋に入れて冷凍室に。さらに保存容器に入れると、冷凍室の開閉による温度変化の影響を受けにくく、おいしさをキープできる。

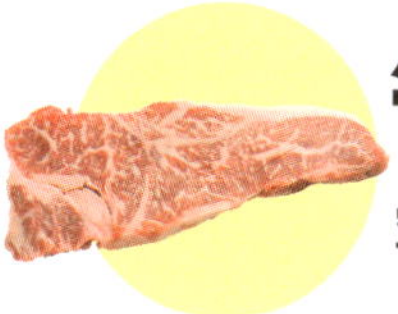

牛ステーキ肉

空気に触れないようにすることが大事。冷蔵でも、冷凍でも1枚ずつ密閉保存します。

冷蔵
- 保存場所　チルド室
- 保存の目安　3〜4日

冷凍
- 保存の目安　1ヵ月
- 解凍方法　自然解凍

密閉する
パックから出して水けを拭き、ぴったりとラップで包む。保存袋に入れ、中の空気を抜いて閉じる。

アルミホイルで包む
水けを拭き、ラップで包んでアルミホイルで包む。金属トレイにのせて凍らせてから冷凍用保存袋に。

牛角切り肉

急速冷凍、ゆっくり解凍がおいしさの秘訣。利用範囲が広いので上手に保存して。

冷蔵
- 保存場所　チルド室
- 保存の目安　3日

冷凍
- 保存の目安　1ヵ月
- 解凍方法　自然解凍、凍ったまま調理する。

密閉する
水けを拭き、ラップで包んで保存袋に入れる。使いやすい分量に小分けにしておくと便利。

塩、胡椒を振って冷凍
塩、胡椒してラップで包んでから、冷凍用保存袋に入れる。風味も落ちず、肉汁の流出も少ない。

牛薄切り肉

すき焼き用、しゃぶしゃぶ用、こま切れ肉も同じ要領で保存します。

冷蔵

保存場所	チルド室
保存の目安	3日

密閉する

未使用ならパックのままで。パック内に水分が出ている場合や使い残しを3日ほど保存する場合は、水分を拭き取って、できるだけ薄く平らに重ねて、ラップでぴったりと包む。
保存袋に入れて、中の空気を抜いて閉じる。

冷凍

そのまま

保存の目安	1ヵ月（生）
解凍方法	自然解凍、凍ったまま調理する。

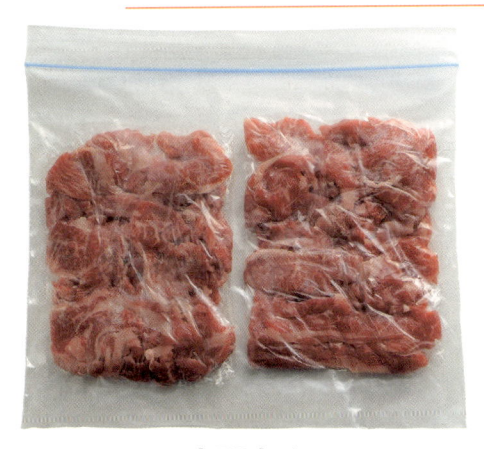

小分けにして密閉する

1人分ずつ、なるべく薄く平らに重ねて、ラップでぴったりと包む。
冷凍用保存袋に入れ、中の空気を抜いて閉じる。

味付けする

保存の目安	2ヵ月
解凍方法	自然解凍、凍ったまま調理する。

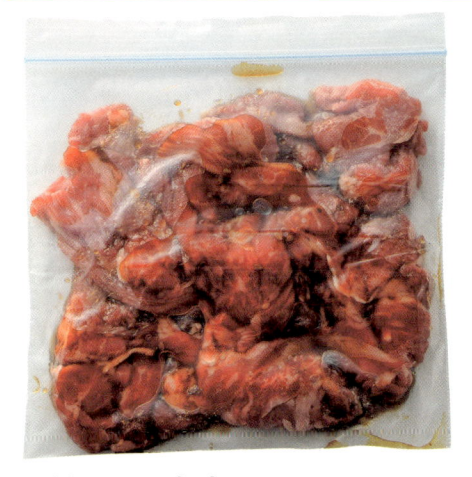

味付けして冷凍

好みのたれをもみこんでから冷凍用保存袋に入れる。袋を平らにならし、空気を抜いて閉じる。野菜と一緒に冷凍しても。

牛挽き肉・合い挽き肉

傷みやすいので購入当日に使い切れないものは、使いやすく小分けにして冷凍保存。

冷蔵

保存場所	チルド室
保存の目安	2日

水けを拭き取って保存

未開封のものはパックのままで。水分が出ているもの、使いかけを翌日まで保存する場合は、表面の水けを拭き取り、薄く平らにしてラップで包む。
保存袋に入れ、中の空気を抜いて閉じる。

冷凍

そのまま

保存の目安	2～3週間
解凍方法	自然解凍、凍ったまま調理する。

薄く平らに筋を入れる

冷凍用保存袋に薄く平らにならして入れる。菜ばしなどを袋の上から軽く押しつけて筋を入れる。使うときは、凍ったまま筋の部分を折って、必要な分を取り出す。

調理して

保存の目安	ハンバーグだね 3週間　ハンバーグ 2ヵ月
解凍方法	自然解凍、凍ったまま調理する。

ハンバーグだね、または焼いて冷凍

① ハンバーグだねにして、冷凍用保存袋に平らにして入れる。袋の上から菜ばしなどで押して、1個分の筋を入れる。
② 焼いたハンバーグを1個ずつラップで包んで、冷凍用保存袋に入れて冷凍する。

牛薄切り肉　牛挽き肉・合い挽き肉

ハム・ベーコン

乾燥すると風味がガタ落ち。開封したらすぐに密閉してチルド室へ。
冷凍するときも、乾燥を防ぐ工夫が大切です。

冷蔵

保存場所 チルド室
保存の目安 7〜10日

密閉する

未開封なら包装のままで。開封したら、包装から出して、乾燥しないように保存袋に入れる。中の空気をしっかり抜いて閉じる。

冷凍

保存の目安 1ヵ月　**解凍方法** 自然解凍、凍ったまま調理する。

そのまま

1枚ずつ保存

1枚ずつラップで包んで、金属トレイに並べて凍らせる。凍結したら冷凍用保存袋に入れる。凍ったまま折れる。

切って

切って保存

使いやすい形に切って、小分けにして冷凍する。重ならないように平らにならして、袋の中の空気を抜いて閉じる。凍結したら立てて保存する。

おいしく保存ラボ 試してみました！

冷凍→解凍ベーコン対決　どちらがおいしい？

密閉して冷凍
水分が逃げていないので、みずみずしくきれい。

> Good!
> 色鮮やかでつやもあっておいしそう

そのまま冷凍
庫内の乾燥によって変色し、気になるニオイも。

> Bad...
> 色も悪く、乾燥で冷凍焼けに

ソーセージ

開封後は傷みやすくなるのですぐに**密閉保存**を。
冷凍すると食感が変わってしまうので、なるべく消費期限内に使い切りましょう。

冷蔵
- 保存場所：チルド室
- 保存の目安：7〜10日

冷凍
- 保存の目安：1ヵ月
- 解凍方法：凍ったまま調理する。

密閉する
乾燥しないように、開封したら包装から出して、保存袋に入れる。

小分けにする
そのまま、または食べやすく切って使いやすい分量ごとに冷凍用保存袋に入れる。

肉●ハム・ベーコン　ソーセージ

魚介

傷みやすく、におい移りも気になる食材。
下処理で鮮度と味を保って。

> **鮮魚** 調理の直前までチルド室で保存し、購入当日に食べましょう。市販の魚の多くは、店頭に並べる前に解凍したもの。「生」の表示があるもの以外は、家庭で冷凍すると再凍結になってしまい、味も栄養価も落ちてしまいます。

一尾魚

目が澄んでいて、皮につやと張りがあるものを。トレイに水分が出ていたら避けて。

冷蔵
- 保存場所：チルド室
- 保存の目安：2日

下処理をして密閉する

① 頭や内臓を取り除き、流水でよく洗う。お腹の中までていねいに水けを拭き取る。
② 1尾ずつラップでぴったりと包んで保存袋に入れ、空気を抜いて閉じる。

> **おいしさポイント**
> 魚介類は、ラップと保存袋で二重に「密閉」するのがポイント。乾燥や酸化を防いで鮮度を保ち、庫内の他の食品へのにおい移りを防ぐ効果もあります。

冷凍 冷凍は「生」と表示があるもの、近海ものに限定

保存の目安 3週間　**解凍方法** 自然解凍、凍ったまま調理する。

そのまま
下処理をして1尾ずつ冷凍する
冷蔵と同じ要領で下処理をして、水けをていねいに拭き取る。1尾ずつラップでぴったりと包んで、金属トレイにのせて冷凍する。凍結したら冷凍用保存袋に入れる。

切って
調理しやすく切って冷凍
冷蔵と同じ要領で下処理をして、調理しやすく切る。1切れずつラップでぴったり包んで冷凍用保存袋に入れる。

干物

長く冷蔵すると酸化して風味が落ちます。すぐに食べない場合は冷凍保存を。

冷蔵
保存場所 チルド室
保存の目安 5日

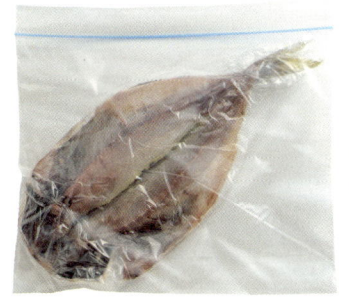

1枚ずつラップでぴったりと包み、保存袋に入れ、空気を抜いて閉じる。

冷凍
保存の目安 1ヵ月
解凍方法 凍ったまま調理する。

1枚ずつラップでぴったりと包んでからアルミホイルで包む。さらに冷凍用保存袋に入れ、空気を抜いて閉じる。

魚介●一尾魚　干物

切り身

パックのままではすぐに生臭くなってしまいます。水分を拭いて保存を。

冷蔵

保存場所	チルド室
保存の目安	2〜3日

水けを拭いて密閉する

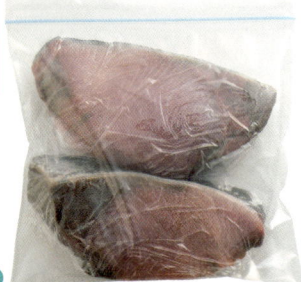

① 塩を振ってしばらく置き、水分が出てきたら拭き取る。
② 1切れずつラップでぴったりと包み、保存袋に入れ、空気を抜いてチルド室へ。

冷凍

保存の目安	3〜4週間
解凍方法	凍ったまま調理する。

そのまま

塩と酒を振って保存する

塩少々を振ってしばらく置き、水分が出てきたらキッチンペーパーで拭き取る。酒を少々振って1切れずつラップでしっかりと包み、冷凍用保存袋へ。

おいしさポイント
塩鮭は、焼いてほぐしてからフレークにして冷凍。お弁当や常備菜に重宝します。

調理して

好みのたれにつけて、冷凍用保存袋に入れる。2ヵ月ほど冷凍保存が可能。

おいしく保存ラボ　試してみました！
冷凍して2週間ぶりの切り身対決

二重密閉で保存　Good!
購入時と変化なし！きれいなまま
色つやがよく脂がのって、焼いたときの味も遜色なし！

ラップだけで保存　Bad...
空気に触れると酸化して冷凍焼けに
解凍方法は同じなのに、ラップがはがれ、冷凍焼けでひどく乾燥している。

刺身

チルド室かパーシャル室で保存。冷凍するなら下味をつけて解凍後は加熱調理を。

冷蔵

保存場所 チルド室、あればパーシャル室　**保存の目安** 2日

サク

厚手のキッチンペーパーで包む

1. 水けを拭き取って、厚手のキッチンペーパーで包む。
2. 金属バットに置いて、上からぴったりとラップをかける。

切り身

「漬け」にする

切り身の刺身は、残ってしまったらそのまま保存しないで「漬け」にすれば3日もつ。

冷凍

保存の目安 2週間　**解凍方法** 解凍後の生食は不可。自然解凍、凍ったまま加熱

新鮮なものなら冷凍OK

解凍した刺身は冷凍できない。新鮮なものなら冷凍保存もOK。

1. 水けを拭き取って、種類ごとにラップでぴったりと包む。
2. アルミホイルで包んで、冷凍用保存袋に入れ、冷凍する。

えび

保存前に背わたを取ること。この手間を惜しむと生臭くなり、食感も落ちます。

冷蔵
- 保存場所　チルド室
- 保存の目安　3日

冷凍
- 保存の目安　1ヵ月
- 解凍方法　自然解凍、流水解凍

密閉して保存
竹串などを使って背わたを取る。水で洗ってから水けを拭き取る。保存袋に入れ、密閉する。

氷づけにする
水洗いして、保存容器に入れる。えびがかぶるくらいの水を注ぎ、フタをして冷凍する。

いか

凍らせても持ち味を損なわないので、冷蔵3日間で使い切れないなら即冷凍を。

冷蔵
- 保存場所　チルド室
- 保存の目安　3日

部位に分ける
内臓などを取って、水洗いし、足と胴体に分けてラップで包む。保存袋に入れ、空気を抜いて閉じる。

冷凍 
- 保存の目安　3〜4週間
- 解凍方法　自然解凍、凍ったまま調理する。

切って冷凍
内臓などを取って、水洗いして、水けを拭き取る。
部位ごとに切り分けて、冷凍用保存袋に平らにならして入れる。

たこ

冷蔵は3～4日、酢漬けにすると1週間くらいもちます。生のものは刺身と同様に。

冷蔵
- 保存場所：チルド室
- 保存の目安：3～4日

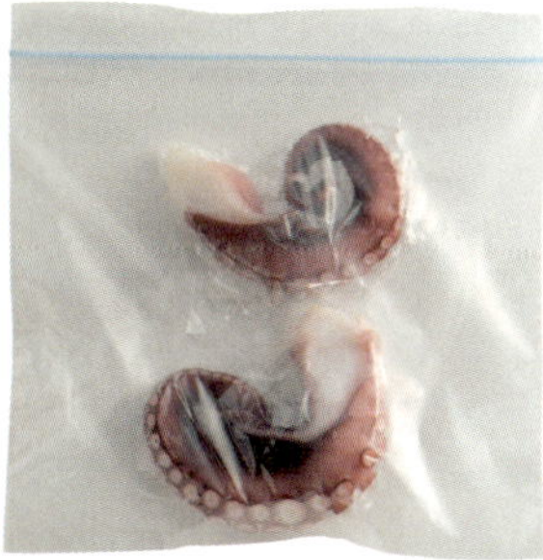

冷凍
- 保存の目安：3～4週間
- 解凍方法：自然解凍、凍ったまま調理する。

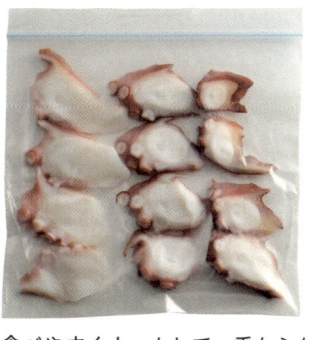

1本ずつ包む
❶ 軽く酒を振る。
❷ 1本ずつラップで包み、保存袋に入れてチルド室へ。

切って保存
食べやすくカットして、重ならないように並べて冷凍用保存袋に入れる。

あさり

あさり、はまぐりなどの二枚貝は、殻をつけたまま生で冷凍保存できます。

冷蔵
- 保存場所：冷蔵室
- 保存の目安：4～5日

冷凍
- 保存の目安：3～4週間
- 解凍方法：凍ったまま調理する。

塩水につける
バットにあさりを並べて、塩水を注ぐ。新聞紙をかぶせて保存。ラップをかける場合は、楊枝などを使って数ヵ所穴を開ける。

密閉する
砂抜きして、殻をよく水洗いし、水けを拭き取る。冷凍用保存袋に平らにして入れ、空気を抜いて閉じる。保存容器にあさりとかぶるくらいの水を入れて冷凍し、氷づけで保存してもよい。

魚介 ● えび　いか　たこ　あさり

いくら

味付けされたものでも1週間を限度に。冷凍するなら小分けに。

冷蔵
- 保存場所　チルド室
- 保存の目安　3日

冷凍
- 保存の目安　1ヵ月
- 解凍方法　自然解凍

未開封ならそのままで。開封後は、保存容器に移し替える。容器は密閉度の高いものを。

アルミカップに少量ずつ入れて冷凍する。凍ったら冷凍用保存袋にまとめる。

たらこ・明太子

冷凍しても風味は保たれるので新鮮なうちに冷凍しましょう。

冷蔵
- 保存場所　チルド室
- 保存の目安　5～7日

冷凍
- 保存の目安　1～2ヵ月
- 解凍方法　自然解凍

1腹ずつラップでぴったりと包んで、保存袋に入れる。使いかけは戻さないこと。切り分けると傷みやすくなるので、焼きたらこにして保存を。

皮を取って小分けに

皮を取って、少量ずつアルミカップに入れて冷凍する。凍ったら冷凍用保存袋にまとめる。

しらす・ちりめんじゃこ

冷蔵は、しらすは3日、ちりめんじゃこは1週間が目安。未開封なら包装ごと冷凍OK。

冷蔵
- 保存場所：冷蔵室
- 保存の目安：しらす 3日／ちりめんじゃこ 1週間

冷凍
- 保存の目安：3〜4週間
- 解凍方法：凍ったまま調理する。

しらすは、容器に入れて保存すると、カビが発生しやすいので注意を。ざるに入れて庫内で乾燥させながら保存。

ちりめんじゃこは、保存容器に入れて。

しらすは、少量ずつラップで包んで冷凍用保存袋に。

ちりめんじゃこは、冷凍用保存袋にそのまま入れる。

魚肉練り製品

冷凍すると食感が変わるので、加熱調理して食べましょう。

冷蔵
- 保存場所：チルド室
- 保存の目安：4〜5日

開封後は、乾燥しやすいので、ラップで包むか保存袋に入れて。
かまぼこは、板が適度な水分を保つ役目をしているので、板つきのままで保存する。

冷凍
- 保存の目安：1ヵ月
- 解凍方法：凍ったまま調理する。

食べやすく切って、使いやすい分量ずつ冷凍用保存袋に。重ならないように並べて、中の空気を抜いて閉じる。

魚介 ● いくら たらこ・明太子 しらす・ちりめんじゃこ 魚肉練り製品

加工食品

消費・賞味期限内に使い切るのが原則。適切な保存で鮮度を保って。

豆腐

常温保存は厳禁。夏場は半日で傷んでしまうことも。早めに使い切りましょう。

冷蔵
- 保存場所　チルド室
- 保存の目安　3〜4日

冷凍
- 保存の目安　2〜3週間
- 解凍方法　自然解凍、凍ったまま調理。

塩水につける
保存容器に水を張り、塩をひとつまみ入れる。豆腐を入れ、フタをして保存。毎日水を替える。

使いやすい大きさに切る
使いやすい大きさに切って、金属トレイに並べて冷凍。凍ったら冷凍用保存袋にまとめて。未開封ならパックのままでも。

おいしさポイント
冷凍した豆腐は、高野豆腐と同じように使えます。

納豆

常温保存は不向き。賞味期限が過ぎても食べられますが、においが強くなる前に食べて。

冷蔵
- 保存場所　チルド室
- 保存の目安　賞味期限内

パックのまま、チルド室で保存。発酵のスピードを遅らせる効果がある。

冷凍
- 保存の目安　1ヵ月
- 解凍方法　自然解凍

密閉する
パックのまま冷凍用保存袋に入れて、できるだけ空気を抜いて閉じる。

油揚げ

中まで火が通るほど揚げていないので日持ちしません。使い残しは、早めに冷凍して。

冷蔵
- 保存場所：冷蔵室
- 保存の目安：3〜4日

冷凍
- 保存の目安：1ヵ月
- 解凍方法：凍ったまま調理する。

密閉する
1枚ずつラップでぴったりと包んで、保存袋にまとめる。

切って冷凍
使いやすい形に切り、小分けしてラップで包んで冷凍用保存袋にまとめる。

おいしさポイント
油抜きは使う直前に。冷凍したものは、そのまま使えますが、気になるなら解凍を兼ねて熱湯をかけて。

厚揚げ（生揚げ）

中まで火が通るほど揚げていないので日持ちしません。使い残しは、早めに冷凍して。

冷蔵
- 保存場所：冷蔵室
- 保存の目安：3〜4日

冷凍
- 保存の目安：1ヵ月
- 解凍方法：凍ったまま調理する。

包んで保存
キッチンペーパーで包んで保存袋に入れる。油抜きは使う直前に。

切って保存
使いやすい大きさに切って、冷凍用保存袋に平らに並べて入れる。

おいしさポイント
切り分けた厚揚げは、できるだけ早く使うこと。冷凍すると、味が染み込みやすくなるので煮物に最適。

加工食品 ● 豆腐　納豆　油揚げ　厚揚げ（生揚げ）

おから

1袋の分量が多くて残ってしまいがち。
日持ちしないので、使いかけはすぐに冷凍保存を。

冷蔵
- 保存場所　チルド室
- 保存の目安　2〜3日

冷凍
- 保存の目安　1ヵ月
- 解凍方法　自然解凍

密閉する
ラップでぴったり包んで保存袋に入れる。1回分ずつ小分けにしても。

おいしさポイント
2〜3日中に使い切れないようなら即冷凍を。

からいりして冷凍
からいりして、冷ます。
少量ずつラップで包んで、冷凍用保存袋にまとめる。

こんにゃく・しらたき

未開封なら長期保存できますが、開封したら早めに使うこと。
冷凍すると食感が変わります。

冷蔵
- 保存場所　冷蔵室
- 保存の目安　5日

冷凍
- 保存の目安　1ヵ月
- 解凍方法　自然解凍、凍ったまま調理する。

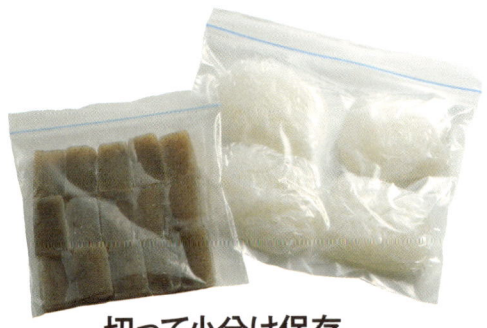

水につける
パックに入っていた水、もしくは普通の水を注いだ容器に入れて保存。水量は、こんにゃくがしっかりとつかるくらいに。水の場合は2〜3日おきに取り替える。

おいしさポイント
パックに入っている水は、こんにゃくと同じ濃度のアルカリ水。殺菌効果があり、長持ちするので捨てずに利用して。

切って小分け保存
使いやすい大きさや量に分けて冷凍。
急ぐときは、流水で解凍する。

餃子の皮・春巻きの皮

コツはなるべく空気に触れさせないこと。皮のまま保存して作りたてを楽しんで。

冷蔵
- 保存場所　チルド室
- 保存の目安　3〜4日

残った皮は、ラップでぴったりと包んで保存袋に入れる。

冷凍
- 保存の目安　1ヵ月
- 解凍方法　自然解凍

小分けにして冷凍する

使いやすい分量ごとにラップで包み、冷凍用保存袋に入れる。

酒粕

基本は冷蔵保存。熟成が進むと色や味が濃くなるので、長期保存するなら冷凍保存で。

冷蔵
- 保存場所　チルド室
- 保存の目安　3ヵ月

アルコール分が含まれているため長期保存が可能。開封後は袋を閉じ、できるだけ空気を抜いて保存袋に入れる。

冷凍
- 保存の目安　1年
- 解凍方法　自然解凍、凍ったまま調理する。

小分けにして冷凍する

使いやすい分量ごとにラップでぴったりと包み、冷凍用保存袋に平らに並べて入れる。

キムチ

日本では浅漬けが主流で日持ちしません。におい移り防止に密閉して冷蔵が基本。

冷蔵
- 保存場所　チルド室
- 保存の目安　1ヵ月

発酵を避けるためにチルド室で保存。袋入りは、開封したら密閉できる容器に入れる。

冷凍
- 保存の目安　1ヵ月
- 解凍方法　自然解凍、凍ったまま調理する。

1回に使う分量ごとに小分けにしてラップでぴったりと包み、冷凍用保存袋に平らに並べて入れる。

卵・乳製品

温度変化を避けて保存したい食品。基本は冷蔵、冷凍保存も可能。

卵

10℃前後で保存すること。生食するのであれば気温に関係なく冷蔵しましょう。

冷蔵
- 保存場所　冷蔵室
- 保存の目安　消費期限内

冷凍
- 保存の目安　1ヵ月
- 解凍方法　自然解凍

尖ったほうを下にする
温度変化の激しいドアポケットは避け、庫内に置いたほうが長持ち。尖ったほうを下にして保存。

溶き卵にする
溶き卵にして保存容器に入れる。卵焼きにして冷凍しても。

卵黄と卵白に分ける
卵黄と卵白に分けてアルミカップで保存。卵白は、自然解凍し、卵黄は、半解凍でごはんのお供に。

ヨーグルト

未開封であれば、表示の賞味期限を目安に。開封したものは5日以内に食べて。

冷蔵
- 保存場所　チルド室
- 保存の目安　開封後5日

冷凍
- 保存の目安　1ヵ月
- 解凍方法　自然解凍、半解凍

チルド室で保存を。菌の活動が弱まり、風味を長く保てる。

無糖のものには、砂糖、はちみつやジャムなどを加えて冷凍し、フローズンヨーグルトに。加糖タイプのものならそのままでOK。

牛乳

一年を通して要冷蔵。表示の賞味期限にかかわらず、開封後は早く使い切って。

冷蔵
- 保存場所：ドアポケット
- 保存の目安：消費期限内

冷凍
- 保存の目安：1ヵ月
- 解凍方法：凍ったまま使う。

開封後は開け口をクリップで留めてドアポケットで保存。

製氷器に流して凍らせる。小さい紙パックならそのまま冷凍。
飲用には向かないので、シチューやホワイトソースなどに使え、飲み物に加えても。

生クリーム

チルド室で保存を。開封後は、開け口をクリップで留めて、4日以内に使いましょう。

冷凍
- 保存の目安：1ヵ月
- 解凍方法：凍ったまま使う。

生クリームは、製氷器に流し入れて凍らせる。
ホイップしたものは、ラップを敷いた金属トレイにしぼって冷凍。凍ったら、1つずつラップで包んで容器に並べて入れる。

チーズ

冷蔵が基本ですが、冷凍することで風味よく長持ちさせることができます。

冷蔵
- 保存場所：チルド室
- 保存の目安：2〜3週間

冷凍
- 保存の目安：1ヵ月
- 解凍方法：凍ったまま使う。

スライスチーズは乾燥に弱いので保存袋に入れてチルド室で保存。

ピザ用チーズは水分と湿気に弱く冷蔵庫からの出し入れが多いとカビの原因に。開封後は、密閉できる袋や容器に入れて冷凍室へ。細切りのものは、手でパラパラにほぐして使う。

卵・乳製品 ●卵 ヨーグルト 牛乳 生クリーム チーズ

主食

ご飯やパンなどデンプンを多く含む食品は**冷凍保存**がおすすめです。

精米

常温での保存が基本。容器と保管場所がおいしさキープの秘訣です。

常温
- 保存場所：冷暗所
- 保存の目安：購入したお米の袋に記載された精米年月日から
  春〜夏　3週間
  秋〜冬　1ヵ月

冷蔵
- 保存場所：野菜室
- 保存の目安：購入したお米の袋に記載された精米年月日から
  2ヵ月

容器に移し替える

お米の劣化の原因は「温度」と「湿度」。とくに白米は影響を受けやすく、空気に多く触れると乾燥や酸化が進むので、しっかり密閉できる容器を選ぶことが大事。

お米の保存に理想的なのが、冷蔵庫の野菜室。ペットボトルなら残量が見え、サイズもぴったり。お米の容器としてペットボトルを使うときは、きれいに洗ったあと、中までしっかり乾燥させる。2Lのペットボトル1本に、約2kg（11合）のお米が入る。

ごはん

常温、冷蔵はともに不向き。おいしく保存したいなら「炊きたて」を冷凍するのが正解！

冷蔵

| 保存場所 | 冷蔵室 | 保存の目安 | 3日 |

冷ましてから包む

常温は論外で、冷蔵すると水分が蒸発してパサパサに。どうしても冷蔵したいときは、冷ましたごはんを、茶碗1杯分くらいずつラップで包む。
食べるときは、水か酒を少量振りかけて電子レンジで加熱すれば、ふっくらとした仕上がりに。

冷凍 ラップ＋保存袋で炊きたてのおいしさを閉じ込める

| 保存の目安 | 1ヵ月 | 解凍方法 | 電子レンジで加熱する。出力600Wの場合で約3分。 |

炊きたてのごはんを包む

① 温かいごはんを茶碗1杯分ずつ、ラップの上に薄く均一に広げる。蒸気ごと密封するようにラップでぴったりと包む。
② しばらく置いて冷ましてから、冷凍用保存袋に入れ、冷凍室へ。

おいしさポイント

ごはんを上手に冷凍するコツは、なるべく薄く均一にラップで包むこと。炊き込みご飯やお赤飯も同じ要領で冷凍保存できます。

主食 ● 精米 ごはん

パン

高温多湿な日本の気候では、常温保存はカビが心配。なるべく早く食べ切りましょう。

食パン・バターロール　水分が多めで夏場はカビやすい

常温

保存場所	湿気が少なく直射日光が当たらない場所
保存の目安	2～3日

密閉して湿気を避ける

2～3日で食べ切るなら常温保存でOK。
乾燥すると固くなるので、包装のまま保存する場合は、しっかりと封を閉め、空気が袋の中に入らないようにする。
パン専用の密閉容器や保存袋を使っても。
湿度が高い時期は、カビが発生しやすいので、食べきれない分は早めに冷凍を。

> **おいしさポイント**
> アルコール度数の高いお酒をパンに吹きかけるとカビの発生が防げます。お酒の味やにおいは、焼いたパンには残りません。

冷凍

保存の目安	1ヵ月	解凍方法	自然解凍

1つずつ包んで密閉する

食パンは1枚ずつ、バターロールは1個ずつラップでぴったりと包む。冷凍用保存袋に入れ、中の空気をできるだけ抜いて閉じる。

> **おいしさポイント**
> 開封前・開封後、どちらも冷凍することでおいしさを長く保てます。薄切りの食パンは、ラップの代わりにアルミホイルで包めば、凍ったままオーブントースターへ。厚切りにしたものやロールパンは、自然解凍してから焼いたほうがおいしくいただけます。

フランスパン・ベーグル　固くなりやすいので乾燥に気をつけて

常温

保存場所 湿気が少なく直射日光が当たらない場所　**保存の目安** 2〜3日

フランスパンは、紙袋に入れたままにすると硬くなり、ビニール袋に入れて保存すると柔らかくなってしまう。ラップで包み、空気に触れないようにすればカリッとした状態をキープ。ベーグルは保存袋に入れる。

冷凍

保存の目安 1ヵ月　**解凍方法** 自然解凍

フランスパンは食べやすい大きさに切り分ける。ベーグルはそのまま、あるいは水平にスライスする。1個ずつラップでぴったりと包んで、冷凍用保存袋に入れる。重ならないように並べ、袋の中の空気を抜いて閉じる。
ラップをアルミホイルに替えても。自然解凍して、霧吹きで表面に少し水をかけてから焼くとおいしい。

菓子パン・惣菜パン　包装に記載の期限、保存方法を守るのが基本

冷凍

保存の目安 1ヵ月　**解凍方法** 自然解凍、解凍後にオーブントースターで焼いても。

使われている素材、季節や気温にも左右されるので、保存方法や消費期限は、包装の表示を守って。店内で焼いているパン屋さんのものや家庭で焼いたパンは、当日中に食べ切れなかったら冷凍して。1個ずつラップでぴったりと包んで、冷凍用保存袋に入れる。中の空気を抜いて袋を閉じる。

おいしさポイント

フルーツやクリームを使ったものや惣菜パンは使っている素材によって、冷凍すると食感が変わってしまうことが。カレーパン、コロッケパンは、自然解凍してからオーブントースターで少し温めるとおいしくいただけます。

主食 ● パン（食パン・バターロール　フランスパン・ベーグル　菓子パン・惣菜パン）

切り餅

カビが生えやすい食品です。すぐ使うなら冷蔵、長期保存は冷凍がよいでしょう。

冷蔵

- **保存場所** 冷蔵室
- **保存の目安** 2週間

わさびと一緒に保存

表面の水けを拭き取って、保存容器の中に並べる。中心に練りわさびかからしを入れたアルミカップを置き、フタをして保存する。わさびが酸素を吸収し、カビの発生を抑える効果がある。

> **おいしさポイント**
>
> 餅につくカビは、気温4℃でも発育します。冷蔵は長くても2週間、それ以上長く保存したい場合は、買ってすぐに冷凍しておきましょう。

冷凍

- **保存の目安** 6ヵ月
- **解凍方法** 自然解凍、水を注いだ容器に入れて電子レンジ加熱。

密閉して冷凍

1個ずつラップでぴったりと包む。4～6個ずつ冷凍用保存袋に並べて入れ、中の空気を抜いて閉じる。保存状態によっては、乾燥や冷凍焼けを起こすことが。袋に冷凍した日付を記入し、なるべく早く食べ切ること。

中華まん・ホットケーキ

冷凍しておけば、食べたいときに電子レンジで温めてすぐに食べられます。

冷凍

- **保存の目安** 1ヵ月
- **解凍方法** 電子レンジ加熱

1個ずつ包んで密閉する

中華まんは1個ずつ、ホットケーキは1枚ずつラップでぴったりと包んで、冷凍用保存袋に入れる。ホットケーキは、一度にまとめて焼いて冷凍しておくと、朝食やおやつにすぐ使えて便利。

生麺・ゆで麺

ゆでる直前まで冷蔵室に。すぐに食べない場合は冷凍して。

冷蔵
- 保存場所：チルド室
- 保存の目安：消費期限内

冷凍
- 保存の目安：1ヵ月
- 解凍方法：自然解凍、電子レンジ解凍、凍ったままゆでる。

未開封のものは消費期限まで保存できる。開封して余ったら、ラップで包んで保存袋に入れる。チルド室で保存し、翌日中に食べること。

未開封のものは包装のままで。開封したものは、1玉ずつラップでぴったりと包む。冷凍用保存袋に入れて、中の空気を抜いて閉じる。生麺は凍ったままゆで、ゆで麺は、自然解凍か電子レンジ解凍で。

乾麺

常備すると重宝する食品。開封後も上手に保存すれば常温で長期保存できます。

常温
- 保存場所：食品庫、冷暗所
- 保存の目安：2～3年

開封前・開封後、どちらも常温保存で。開封するときは、袋の長い側をカットして、開いた部分を折って輪ゴムで留めておけば、しっかり密閉できて保存もしやすい。

おいしさポイント
においが移りやすいので、化粧品や石けんなどにおいが強いものと一緒に置かないようにしましょう。

主食 ● 切り餅　中華まん・ホットケーキ　生麺・ゆで麺　乾麺

乾物

湿気は大敵。
長期保存できるものだからこそ目につく保存で使い忘れを防いで。

| 未開封 | 購入時の包装のまま未使用のもの。 | 開封後 | 開封したもの。未使用でも包装が破損しているもの。パック包装されていないもの。 |

切り干し大根　未開封でも冷蔵する

冷蔵　未開封／開封後
保存の目安　6ヵ月

店頭では常温に置かれているが、温度が上がると変色したり、カビが生えることがあるので、家庭では予備用の未開封のものも冷蔵庫で保存する。開封したものは、包装ごと保存袋に入れて二重に密閉する。

冷凍　開封後
保存の目安　1ヵ月

開封したら、水でもどして冷凍保存しておくと便利。水けをきって使いやすい量に分けてラップ＆冷凍用保存袋に。凍ったまま煮物や味噌汁に使える。

おいしさポイント
切り干し大根をもどすときは、たっぷりの水に入れて、汚れやほこりを落としたら水を捨て、かぶるくらいの水につけます。このもどし汁には栄養成分が溶け出しているので、捨てずに煮汁として使いましょう。

ひじき　開封後は、缶や密閉容器に入れて

常温　未開封／開封後
保存の目安　1年

直射日光を避けて冷暗所で保存する。開封後は、乾燥剤と一緒に缶や密閉容器に入れて。

冷凍　開封後
保存の目安　2週間

すぐ使えるように、水でもどして冷凍保存を。水けをきって使いやすい量に分け、ラップで包んで冷凍用保存袋に入れる。凍ったまま煮物に使える。

おいしさポイント
ひじきは、水でもどすのに時間がかかるので、まとめてもどして、味をつけないでそのまま冷凍しておくと便利です。マリネやサラダ、混ぜご飯など用途は多彩。

かんぴょう　カビの発生に注意し、開封後は冷蔵する

常温　未開封
保存の目安　1年
開封前は、常温保存。直射日光を避けて涼しい場所で保存する。

冷蔵　開封後
保存の目安　1年
水分を含んでいるので、開封後はカビが心配。虫がつきやすく、変色しやすいので冷蔵室で保存する。

冷凍　開封後
保存の目安　1年
下ゆでしたかんぴょうを使いやすい大きさに切り、小分けにして冷凍保存しておくと便利。凍ったまま味噌汁や煮物などに加える。

おいしさポイント
かんぴょうは、空気に触れると茶色に変色することがあります。これは空気に触れたことが原因で、品質や風味にまったく問題ありません。

高野豆腐（凍み豆腐）　におい移りを防いで保存

常温　未開封　開封後
保存の目安　6ヵ月
においを吸収しやすいので、開封後は保存袋や密閉容器に入れて、冷暗所で保管する。含め煮などに調理したもの以外は、冷蔵・冷凍はしない。

冷凍　開封後
保存の目安　1ヵ月
含め煮などに調理して、よく冷ましたら食べやすい大きさに切り、小分けにしてラップで包んで、冷凍用保存袋に入れる。自然解凍して、食べる直前に電子レンジで温める。

お惣菜をまとめて作って保存する

小分け冷凍しておくと便利！ お惣菜カップ

作り方
1. ひじきや切り干し大根など乾物の煮物をまとめて作る。
2. お惣菜をカップに盛り、保存容器や冷凍用保存袋に入れて冷凍する。小分けにしてラップで包んでもOK。

● 保存の目安は1ヵ月ほど。忙しい朝でも、凍ったままお弁当箱に入れられ、自然解凍で食べることができます。

こんな料理に使えます！
卵焼き、混ぜごはん、ちらし寿司、グラタン、キッシュ、ピザなど……。

乾物 ● 切り干し大根　ひじき　かんぴょう　高野豆腐（凍み豆腐）　お惣菜カップ

焼き麩・車麩 開封後も常温保存OK

常温 | 未開封
保存の目安：賞味期限内

直射日光が当たらない、通気のよい場所で常温保存する。においを吸収しやすいので、未開封でもにおいの強いものの近くに置かないようにする。

> **おいしさポイント**
> 開封後は、虫がつかないように密閉容器や保存袋に入れて、直射日光が当たらない涼しい場所で保管します。冷蔵庫や冷凍室での保存は、結露によって変質することがあるので避けて。水でもどしたお麩は、冷蔵庫に入れて2日くらいで使い切りましょう。生麩は、冷凍できます。

わかめ 夏は乾燥わかめも冷蔵庫に入れる

常温 | 未開封 | 開封後
保存の目安：乾燥 6ヵ月

乾燥わかめを常温保存するなら、開封後は、缶や密閉容器に入れて通気のよい場所に。乾燥剤を入れておく。

冷蔵 | 未開封 | 開封後
保存の目安：塩蔵 1ヵ月

室内が暑くなる夏には、乾燥わかめの保存も冷蔵室で。常温で売られている塩蔵わかめも、開封後は、保存容器に移し替えて冷蔵する。

冷凍 | 未開封 | 開封後
保存の目安：3～6ヵ月

塩蔵わかめは、そのまま冷凍保存できる。水でもどしてから、食べやすい大きさに切って、1回に使う分量ずつ小分けにして保存しておくと使いやすい。

> **おいしさポイント**
> 日持ちのしない生わかめは、冷凍保存しましょう。食べやすい大きさに切って小分けにしておくと便利。冷凍したものは1ヵ月くらいもちます。

干しえび 光と湿気に弱いので冷蔵、冷凍保存に

冷蔵 | 未開封 | 開封後
保存の目安：開封後 2ヵ月

室内照明でも変色することがあるので、未開封でも冷蔵がおすすめ。また、湿気にも弱いので、開封後も、密閉容器に入れて冷蔵室へ。

冷凍 | 開封後
保存の目安：3～4ヵ月

長期間使わないようなら、包装ごと冷凍用保存袋に入れて冷凍保存する。3～4ヵ月を目安に使い切って。

干ししいたけ そのままなら常温、もどしたら冷蔵・冷凍

常温 [未開封] [開封後]
保存の目安：半年～1年
食品庫や引き出しなどなるべく湿気が少ない場所で保管を。未開封のものはそのままで。開封後、パック包装でないものは、密閉容器に入れて保存する。

冷蔵 [開封後]
保存の目安：5日
もどした干ししいたけは、もどし汁と一緒に冷蔵室に。しいたけは、フタつき容器で水に浸して保存すれば5日保つ。もどし汁の保存は2～3日が目安。

冷凍 [開封後]
保存の目安：1ヵ月
もどした干ししいたけをすぐ使わないときに。使いやすい分量ずつラップで包んで、冷凍用保存袋に入れる。凍ったまま煮物などに加えることができるので便利。

かつお削り節 頻繁に使うなら冷蔵、長期保存は冷凍

常温 [未開封]
保存の目安：賞味期限内
未開封なら常温で保存。個包装してある場合は、外袋の開封後も常温保存できる。保存期間は、包装に記載されている賞味期限に従って。

冷蔵 [開封後]
保存の目安：賞味期限内
頻繁に使うなら冷蔵室で保存を。かつお節がつぶれない程度に袋の空気を抜いて、口を輪ゴムで留める。さらに保存袋に入れて二重に密閉しても。

冷凍 [開封後]
保存の目安：賞味期限内
開封後、すぐに使わないようであれば冷凍しても。袋入りのものは、冷蔵と同じ要領で。個包装のものは、そのまま冷凍用保存袋にまとめて。なるべく奥のほうで保管する。

だし昆布 使いやすい大きさに切って保存すると便利

常温 [未開封] [開封後]
保存の目安：半年～1年
開封したら、5～10cm長さに切って密閉容器に入れておくと収納しやすく、使い勝手もよくなる。しけると味が落ちるので、乾燥剤も一緒に入れておく。

冷蔵／冷凍 [未開封] [開封後]
保存の目安：1～2年
夏場や長期間使わない場合は、冷蔵か冷凍保存する。庫内のニオイを吸収しないようにポリ袋と保存袋で二重に包む。

乾物 ● 焼き麩・車麩 わかめ 干しえび 干ししいたけ かつお削り節 だし昆布

煮干し　冷蔵なら3ヵ月、冷凍保存なら半年

冷蔵　保存の目安　3ヵ月
[未開封] [開封後]
開封後は頭と内臓を取ってから、缶や密閉容器に乾燥剤と一緒に入れて冷蔵する。常温保存もできるが、しっかり密閉したうえで、冷蔵庫で保管すれば、酸化する心配もない。

冷凍　保存の目安　6ヵ月
[未開封] [開封後]
長期間使わない場合、梅雨時や夏場は、冷凍保存する。頭と内臓を取ったらポリ袋に入れ、さらに冷凍用保存袋で二重に密閉する。

おいしさポイント
煮干しの原料は魚です。保存する際は、傷みやすい頭と内臓を取っておきましょう。湿度の高い場所に置くと、酸化したり、カビがついたりすることが。酸化のスピードを抑えるには、冷蔵、冷凍保存することがポイントです。

春雨　しっかり密閉して湿気から守る

常温　保存の目安　2年
[未開封] [開封後]
未開封のもの、開封した場合でも個包装のものはそのままでOK。開封後は、密閉容器や保存袋に入れて、温度変化の少ない場所に保管しましょう。また、まとめてゆでて余ったら、小分けにして冷凍すると便利。1回に使う分量ずつラップで包み、冷凍用保存袋に入れて冷凍します。

焼き海苔　乾燥剤と一緒に保存する

常温　保存の目安　賞味期限内
[未開封] [開封後]
未開封のものはそのままで。封を開けたら、乾燥剤と一緒に缶や容器に入れてしっかり密閉。

冷蔵　保存の目安　1〜2ヵ月
[開封後]
湿気に弱いので、梅雨の時期や夏場は冷蔵がよい。購入時の包装のまま、乾燥剤と一緒に保存袋に入れる。使いやすくカットして、10枚ずつラップに包んで保存袋に入れても。

冷凍　保存の目安　1年
[開封後]
長期保存なら冷凍庫で。購入時の包装のまま、乾燥剤と一緒に冷凍用保存袋に入れる。缶に入れておくとさらに保存性がよくなる。

おいしさポイント
冷蔵・冷凍保存した焼き海苔は、外気に触れると、空気中の水分を吸収してあっという間にしけてしまいます。冷蔵庫から取り出したら、容器を室温に戻してから開けるようにしましょう。

ごま
練りごまは常温、いりごまは常温＆冷蔵、すりごまは必ず冷蔵する

常温 未開封 開封後
保存の目安 **10ヵ月**

いりごまは、開封したらしっかり密閉して保存する。しけてきたらフライパンで乾いりすれば風味がよみがえる。練りごまは、開封後も冷暗所で常温保存。

冷蔵 開封後
保存の目安 **1ヵ月**

すりごまは酸化しやすいので冷蔵が基本。いりごまも湿気に弱いので、梅雨の時期や夏場は、しっかり密閉して必ず冷蔵庫で保管を。

乾燥豆
基本は常温、夏場は冷蔵・冷凍、ゆでたら冷凍

常温 未開封 開封後
保存の目安 **1年**

未開封ならそのままで、開封後は、乾燥剤と一緒に密閉容器に入れて常温保存で。直射日光に当たると色あせてくるので、食品庫など扉つきで、湿気や熱が気にならない場所に。

冷蔵 未開封 開封後
保存の目安 **乾燥 1年**

高温多湿の時期は、乾燥豆も冷蔵室に。密閉容器に乾燥剤を入れて保管。下ゆでした豆は、保存容器に入れて冷蔵室で保存し、5日以内に使い切る。

冷凍 開封後
保存の目安 **1ヵ月**

下ゆでした豆は、小分けにして冷凍用保存袋に入れ、冷凍する。凍ったまま煮たり、ごはんに加えたりして、1ヵ月以内に使い切る。

> **おいしさポイント**
> 使うときに好きな味つけができるので、豆は、味をつけずに柔らかく煮て冷凍しておくと便利です。

ナッツ類
すぐ食べるなら冷蔵、長期保存は冷凍

冷蔵 未開封 開封後
保存の目安 **1ヵ月**

油脂がたくさん含まれていて、常温では酸化しやすいので未開封でも冷蔵がおすすめ。開封後は、種類ごとに保存袋に入れて、袋をフタつき容器にまとめて二重に密閉して。乾燥剤を入れておくとベスト。開封したら1ヵ月以内に食べること。

冷凍 開封後
保存の目安 **6ヵ月**

長期なら冷凍がおすすめ。開封した袋の口をしっかり閉じ、冷凍用保存袋に入れて冷凍する。色、香りともによい状態をキープできる。

調味料

開封後は味が落ちやすい調味料。
おいしさ長持ちのカギは「温度」。

塩 湿気を吸収すると固まってしまうので保存の仕方に注意

開封前 **常温** ／ 開封後 **常温**

密閉性の高い容器に入れる。もし固まってしまったら、フライパンでからいりを。食卓に置く容器にからいりした米を入れておくと塩が固まりにくくなる。

おいしさポイント
塩が固まる原因は湿気。にがりを多く含む塩ほど湿気を吸収しやすいので固まりやすくなっています。固まってしまった塩は耐熱皿にのせ、ラップをしないで電子レンジ（600W）で15〜20秒加熱すればサラサラに戻ります。フライパンでからいりするのもよいでしょう。

砂糖 密閉容器に入れて使う。湿気に要注意

開封前 **常温** ／ 開封後 **常温**

開封後は、湿度の変化が少ない冷暗所に。湿気を吸ったあとで乾燥すると固まってしまうので気をつけて。これを防ぐには、砂糖にあらかじめ市販のフロストシュー（粒状の砂糖）を少量混ぜておくとよい。

おいしさポイント
砂糖が固まってしまう一番の原因は乾燥。ポリ袋や密閉容器に、固まった砂糖を入れて、水を1〜2滴、もしくは霧吹きでさっと水をかけ、口を閉じて半日から1日置くとほぐれます。また、柔らかい食パンを入れても同様の効果が。

はちみつ　冷蔵すると固まるので常温で保存する

開封前 常温　**開封後** 常温 または 冷凍

低温（5〜14℃）だと糖分が凍結するので冷蔵は不向き。直射日光の当たらない場所で常温保存する。適した場所がないときや冬場は、冷凍室に入れておいても。はちみつが凍結する温度と冷凍庫内の温度はかけ離れているので、固まることはない。

おいしさポイント
はちみつは腐ることのない食品ですが、長期間保存すると風味が落ちることが。3年を目安に食べ切りましょう。白く固まってしまったら、湯せんにかけるとよいでしょう。

醤油　しっかりと栓をして空気に触れないようにする

開封前 常温　**開封後** 冷蔵

空気に触れると酸化が進み、色が濃くなったり、風味が悪くなったりするので、開封後はきちんとキャップをして冷蔵室に。いつもは冷蔵室に保管しておき、1週間くらいで使う分だけ小型の容器に移し替えて使っても。1ヵ月くらいで使い切る。

味噌　開封後はカビが生えやすいので冷蔵庫に

開封前 常温　**開封後** 冷蔵 または 冷凍

開封後の味噌を常温で保存すると、色も味も変わり、カビも生えやすいので、必ず冷蔵室に入れて。発酵食品なので、温度変化の少ないチルド室がおすすめ。取り出すときは、清潔なスプーンやはしを使うことも大切。酸化や変色、乾燥を防ぐために、使用後は味噌の表面を平らにしてラップでぴったりと覆う。

おいしさポイント
冷蔵室やチルド室に味噌を置くスペースがなければ、冷凍室で保存しましょう。味噌の劣化を防ぐことができ、おいしさもキープ。冷凍しても完全に凍ることがないので、取り出してすぐに使えます。密閉容器に入れて、使用後はフタをしっかり閉じるのを忘れずに。

調味料 ● 塩　砂糖　はちみつ　醤油　味噌

塩麹　常温保存は厳禁、小分け冷凍が便利

開封前 冷蔵　**開封後** 冷蔵　冷凍

開封後は、冷蔵室で保管。冷蔵しても発酵は進むので、開栓後は2〜3週間で使い切る。使う頻度が少ない場合は冷凍保存を。1〜2回分ずつ小分けにして冷凍しておくと使いやすく、2ヵ月保存できる。

酢　開栓後でも冷蔵庫なら保存は1年

開封前 常温　**開封後** 常温　冷蔵

常温保存もできるが、長持ちさせたいなら開栓後は、冷蔵する。しっかりとキャップを閉めることでおいしさをキープして、開栓後も1年くらい保存できる。

みりん　本みりんは低温で保存しない

開封前 常温　**開封後** 常温　**みりん風調味料** 冷蔵

本みりんは、低温では糖分の結晶が白く固まってしまうので、開封後も、直射日光の当たらない場所で常温保存を。みりん風調味料は、アルコール分が少ないので開封後は冷蔵する。

料理酒　開封後は冷蔵庫に

開封前 常温　**開封後** 冷蔵

酒に調味料などを加えてあるので、常温で保存すると変質しやすい。開封後は、アルコールがとばないようにしっかりとフタを閉めて冷蔵室で保管する。日本酒など飲めるお酒を料理に使っている場合は、直射日光などが当たらない場所での常温保存でよい。

めんつゆ　ストレートタイプは開封したら使い切る

| 開封前 | 常温 | 開封後 | 冷蔵 |

開封後は必ず冷蔵する。醤油に比べて塩分が少ないので腐敗しやすく、開栓後の賞味期限は、ストレートタイプで3〜5日。希釈（濃縮）タイプは2〜3週間。いずれも早めに使い切るようにする。

マヨネーズ・ケチャップ
マヨネーズは逆さ、ケチャップはそのまま立てる

| 開封前 | 常温 | 開封後 | 冷蔵 |

マヨネーズは開封したら冷蔵室に入れて、2ヵ月以内に使い切る。0℃以下では油が分離してしまうので、冷気が直接当たる場所やチルド室、冷凍室での保存は厳禁。ケチャップも、開封後は冷蔵室へ。キャップを開けると出てくるサラッとした液体は、トマトから分離した水分。長時間同じ状態で置いておくとトマトの中の水分が分離して注ぎ口にたまってしまうので、使う前に振るのがポイント。時間が経つにつれて風味が落ちたり、色が変化したりするので、1〜2ヵ月で使い切るようにして。

おいしさポイント
マヨネーズとケチャップの保存におすすめの場所はドアポケット。低温すぎず、見える場所に保存しておくことで早めに使い切ることができます。もったりとしたマヨネーズは、口を下にして立てると使いやすくなります。ケチャップは分離しやすいので、口を上にして立てて保存。並べて立てればコンパクトに収納できます。

柚子胡椒　冷凍保存で長期間使える

| 開封前 | 常温 | 開封後 | 冷蔵 | 冷凍 |

開封前は常温保存。開封後は、色や香りが変わりやすいので、必ず冷蔵室に保存する。使う頻度が少ない場合は、使った後は表面を平らにならし、冷凍室で保存すればおいしさも長持ち。冷凍しても固まらずシャーベット状になるので、スプーンで簡単にすくえる。

調味料　●　塩麹　酢　みりん　料理酒　めんつゆ　マヨネーズ・ケチャップ　柚子胡椒

ソース　風味が落ちないうちに使い切る

開封前 常温　**開封後** 冷蔵

開封前は常温で保存できるが、開封後は必ず冷蔵室に入れて。酸分や塩分の濃度が高いので、開封後はすぐに傷むことはないものの、時間が経つにつれて風味が落ちてくる。ウスターソースは3ヵ月程度、中濃・とんカツソースは2ヵ月程度で使い切るようにして。卓上用に別の容器に入れたものは、常温保存なので2週間以内に使い切る。

ドレッシング　開封後は1ヵ月以内に使い切る

開封前 常温　**開封後** 冷蔵

開封前は直射日光の当たらない涼しい場所で常温保存。開封後は冷蔵室に入れて。風味が変わりやすいので、1ヵ月以内に使い切るのが目安。手作りドレッシングは、酸化しやすく、使う材料によって水分が出たり、劣化が進んだりするので、保存しないでその都度作るようにして。

油　使用後はキャップをしっかり閉める

開封前 常温　**開封後** 常温　冷蔵

開封前は常温。開封後は、なるべく空気に触れないように使用後はキャップをしっかりと閉める。光と熱を避けたいので、常温なら通気性のよい棚の中などに。空きスペースがあれば冷蔵室に入れておくと酸化を遅らせることができる。開封後の保存は、常温なら2ヵ月以内、冷蔵なら3ヵ月を目安に。

ごま油　香りや風味がとびやすいので開封後は冷蔵室に。常温で保存するなら、戸棚の中などふだん開け閉めがあって湿気や熱のこもらない場所で保管する。

オリーブオイル　冷えると固まってしまうので常温保存を。酸化を防ぐためコンロやオーブンなど熱が発生するものの近くに置かないこと。別容器に入れて使う場合は、紫外線を嫌うので透明の容器は使わないようにして。

揚げ油　揚げ物をして温度が下がってからキッチンペーパーなどで濾して密閉できる容器に移し替える。冷暗所で保存して、2回程度の使用で1ヵ月以内に使い切る。

バター　未開封なら冷凍で長期保存も

[開封前] 冷蔵　冷凍　　[開封後] 冷蔵　冷凍

空気に触れると酸化して風味が落ちてしまうので、少量ずつ切り分けて使い、残りは密閉して冷蔵庫で保存。銀紙の包みを切り口に密着させ、保存袋に入れて。
使う予定がしばらくないときや未開封のものは、冷凍するとよい。酸化を防ぎ、品質を保てる。

スパイス　よく使うものは常温、あまり使わないものは冷凍

[開封前] 常温　　[開封後] 常温　冷凍

開封したら、直射日光や高温多湿の場所を避けて常温保存。ただし、常温では3ヵ月くらいで風味や色が変化するので、ふだんあまり使わないものは冷凍室へ。
購入時の容器や袋のまま、冷凍用保存袋に入れて冷凍保存すれば、風味よく1年ほどもつ。

小麦粉・片栗粉　使う頻度で保存場所を変える

[開封前] 常温　　[開封後] 常温　冷凍

頻繁に使う人は、密閉容器に移し替えるか、袋の口をしっかりと閉めて保存袋や缶など密閉性の高い容器で常温保存を。
あまり使わない人は、冷凍室での保存がおすすめ。開封後のものは袋の口をしっかりと閉じてから冷凍用保存袋に入れて。凍結しないので使いたい分だけ取り出せる。

パン粉　湿気の多い場所を避けて保存する

[開封前] 常温　　[開封後] 常温　冷蔵　冷凍

開封後は、密閉容器などに入れて常温保存。常温で適当な場所がない場合は、袋を閉じ、保存袋などに入れて冷蔵室や冷凍室で保管すると安心。1ヵ月程度で使い切るように。生パン粉は、輪ゴムで密封して冷凍室に入れ、1ヵ月を目安に使い切る。凍らないのでさっと使えて便利。

調味料●ソース　ドレッシング　油　バター　スパイス　小麦粉・片栗粉　パン粉

その他

お茶やお菓子など暮らしを彩る食品、ストック食品もおいしく保存！

茶葉

温度変化、におい、湿気が気にならない場所に

| すぐ使う | **常温** | 長期保存 | **冷凍** |

日本茶に紅茶、最近では健康茶やハーブティーなど何種類もの茶葉を常備している人も多いはず。茶葉の保存でとくに注意したいのは、温度変化、におい、湿気。1ヵ月くらいで使い切る量なら、冷蔵室より、出し入れしやすく、におい移りしない食器棚の中で常温保存するのがおすすめ。量が多い場合は冷凍保存に。未開封なら1〜3年、開封したものは、パックごと冷凍用保存袋に入れて。香りが落ちることなく半年から1年保存できる。

おいしさポイント
冷凍した茶葉やコーヒーは、凍ったまま開封すると結露が起きてしけてしまいます。急激な温度差から結露が起こるのを防ぐため、室温でもどしてから開封しましょう。

コーヒー

冷凍保存なら挽きたての味が長持ち

| すぐ使う | **常温** | 長期保存 | **冷蔵** |

開封後は香りがとびやすいので、ビンや缶など密閉性の高い容器に入れ、湿気の少ない場所で常温保存を。未開封のまま長期保存したい場合は、豆、粉ともに購入時の包装のまま冷凍室へ。開封後、量が多くて使い切れない場合は、袋の口をしっかり閉じてから冷凍用保存袋に入れて冷凍すれば、半年から1年保存できる。

和菓子

その日のうちに食べないものは即冷凍

| 購入日に食べる | 常温 | 購入日の翌日以降 | 冷凍 |

和菓子は、低温に置くと固くなるので、密閉容器などに入れて常温で保存する。大福、まんじゅう、カステラ、羊羹など大半の和菓子は冷凍できるので、食べ切れない場合は、1個ずつラップで包んで冷凍用保存袋に入れて冷凍室へ。室温に10分置けば解凍でき、1ヵ月保存可能。

洋菓子

冷凍するならケーキの上のフルーツは取り除く

| 購入日に食べる | 冷蔵 | 購入日の翌日以降 | 冷凍 |

ケーキやシュークリーム、パウンドケーキなどは、冷蔵庫に保存して期限内に食べる。食べ切れない場合は、1個ずつラップで包むか、保存容器に入れて冷凍するとよい。ケーキの上にのっているフルーツは冷凍すると解凍後に食感が変わってしまうので取り除いて。
冷凍した洋菓子の保存の目安は約1ヵ月。解凍は、冷蔵室解凍で。冷凍したプリンは、解凍しないで食べたほうがおいしい。

クッキー・せんべい

湿気に弱いので乾燥剤と一緒に缶に入れて

| すぐ食べる | 常温 | 長期保存 | 冷凍 |

クッキーやせんべいは湿気に弱いので、開封後は、しっかりと密閉して保存する。乾燥剤と一緒に、缶や保存袋に入れ、直射日光が当たらない涼しい場所に。食べ切れない場合は、袋を輪ゴムで留めて冷凍用保存袋に入れ、二重に密閉したうえで冷凍する。食べる直前に、凍ったままアルミホイルをかぶせてオーブントースターで焼く。保存の目安は約1ヵ月。

その他 ● 茶葉　コーヒー　和菓子　洋菓子　クッキー・せんべい

ペットボトル飲料

開栓したらできるだけその日のうちに飲む

[開栓前] **常温**　[開栓後] **冷蔵**

開栓後は、空気中の雑菌がボトル内に入り込んでしまうので、できるだけ早く飲み切るようにする。お茶やミネラル水は、しっかりとキャップを閉め、冷蔵室に入れておけば3〜4日は保存可能。500mℓ以下の小さなボトルは、その日のうちに飲み切って。口をつけた飲み残しをそのまま常温に放置すると、雑菌の繁殖でボトル内の圧が高まって破裂することも。
ストックは、なるべく温度変化が少ない場所に。

缶詰

開封した缶のままでの冷蔵は厳禁

[開封前] **常温**　[開封後] **冷蔵**

年単位で保存ができるだけに使い忘れしやすい食品。直射日光が当たる場所、コンロや暖房器具など熱を発生するものの近くでの保管はNG。あちこちにバラけてしまわないように、ケースや棚に一括して保管する。また、破裂する危険性があるので、缶ごとの冷凍は厳禁。
開封して残ったものは、缶のままではなく、ガラスやプラスチックの容器に入れ替えて冷蔵室に入れ、2〜3日中に食べ切る。

ビン詰食品

温度変化が少ない場所で保管する

[開封前] **常温**　[開封後] **冷蔵**

基本的な保存方法は缶詰と同じ。ビン詰食品は、缶詰に比べて賞味期限が短いものが多いので、予備に保管する数は少なめに。開封したら、賞味期限前でもなるべく早く使い切って。残ったものは、そのままの容器で冷蔵室で保存。ビンの中に雑菌が入ると腐敗やカビの発生の原因になるので、取り分ける際は、いつも清潔なスプーンやはしを使う。

カップ麺　実は、賞味期限が短い食品

保存方法 常温

賞味期限が半年以内と短いものが多いので、まとめ買いした場合はまめに見直しを。高温多湿の場所で保管しないこと。とくにガスコンロや電子レンジの近くはNG。また、洗剤や殺虫剤と一緒に保管しないこと。酸化しやすいので賞味期限が切れたら食べないようにして。

ルウ　開封後は密閉して冷蔵庫で保管

開封前 常温　**開封後** 冷蔵

開封前は常温保存でよいが、熱がこもりやすい場所に置くと油脂分が溶けて変質することが。固形ルウは容器のシールを開封すると、庫内のにおいを吸収したり、逆に他の食品ににおいを移したりするので、密閉できる容器や袋に入れる。フレーク状のものは、袋ごと保存袋に入れる。どちらも、冷凍室で保管する。

レトルト食品　賞味期限を定期的にチェック

保存方法 常温

劣化の原因になるので、コンロ近くなど熱がこもる場所での保管は避けて。安価なときにまとめ買いすることが多く、うっかり使い忘れしやすいものの一つ。1〜2年保存できる食品ではあるが、定期的に賞味期限をチェックして、古いものから順に使うように心がけて。

冷凍食品　購入時に状態をチェックする

保存方法 冷凍

購入するときは、お店の管理状況を確認し、袋に霜がたくさんついているものは避ける。帰宅後はすぐに冷凍室に入れること。開封後は、庫内のにおいを吸収しやすいので、袋を輪ゴムで留めて冷凍用保存袋に入れ1ヵ月以内に食べ切る。加熱後や解凍したものの再冷凍は厳禁。

あ	合い挽き肉	87		キムチ	101	里芋	50
	青じそ	28		キャベツ	18	砂糖	116
	青ねぎ	31		牛薄切り肉	86	サニーレタス	25
	あさり	95		牛角切り肉	85	**し** しいたけ	54
	厚揚げ	99		牛ステーキ肉	85	塩	116
	油	120		牛乳	103	塩麹	118
	油揚げ	99		牛挽き肉	87	しし唐	41
	アボカド	74		牛ブロック肉	84	凍み豆腐	111
い	いか	94		きゅうり	34	しめじ	55
	いくら	96		餃子の皮	101	じゃが芋	50
	いちご	64		魚肉練り製品	97	香菜	62
	一尾魚	90		切り干し大根	110	春菊	21
	いんげん	40		切り身	92	しょうが	58
え	えのき	55		切り餅	108	醤油	117
	えび	94	**く**	クッキー	123	食パン	106
	エリンギ	56		栗	71	しらす	97
お	大葉	28		グリーンアスパラ	26	しらたき	100
	おから	100		車麩	112	**す** 酢	118
	オクラ	41		グレープフルーツ	66	スイカ	72
	オレンジ	66		クレソン	61	すだち	60
か	かいわれ	53	**け**	ケチャップ	119	ズッキーニ	42
	柿	71	**こ**	高野豆腐	111	スナップエンドウ	38
	菓子パン	107		コーヒー	122	スパイス	121
	片栗粉	121		ゴーヤー	43	**せ** 精米	104
	かつお削り節	113		ごはん	105	西洋ハーブ	63
	カップ麺	125		ごぼう	48	セロリ	26
	かぶ	47		ごま	115	せんべい	123
	かぼす	60		小松菜	23	**そ** 惣菜パン	107
	かぼちゃ	45		小麦粉	121	ソース	120
	乾燥豆	115		こんにゃく	100	ソーセージ	89
	缶詰	124	**さ**	さくらんぼ	68	そら豆	39
	かんぴょう	111		酒粕	101	**た** 大根	46
	乾麺	109		ささみ	79	たこ	95
き	キウイ	65		刺身	93	だし昆布	113
	絹さや	38		さつま芋	49	卵	102

索引（五十音順）

玉ねぎ	29	
たらこ	96	
ち チーズ	103	
茶葉	122	
中華まん	108	
ちりめんじゃこ	97	
青梗菜	21	
て 手羽元・手羽先	79	
と 冬瓜	42	
豆腐	98	
豆苗	53	
とうもろこし	44	
トマト	32	
鶏挽き肉	78	
鶏むね肉	76	
鶏もも肉	77	
ドレッシング	120	
な 長芋	51	
長ねぎ	30	
なし	70	
なす	35	
ナッツ類	115	
納豆	98	
生揚げ	99	
生クリーム	103	
生麺	109	
なめこ（真空パック）	57	
に 煮干し	114	
にら	22	
にんじん	48	
にんにく	59	
は パイナップル	73	
白菜	16	
パクチー	62	
パセリ	62	

バター	121	
バターロール	106	
はちみつ	117	
バナナ	72	
パプリカ	37	
ハム	88	
春雨	114	
春巻きの皮	101	
パン	106	
パン粉	121	
万能ねぎ	31	
ひ ピーマン	36	
ひじき	110	
干物	91	
ビン詰食品	124	
ふ 豚厚切り肉	81	
豚薄切り肉	82	
豚挽き肉	83	
豚ブロック肉	80	
ぶどう	69	
フランスパン	107	
ブルーベリー	65	
ブロッコリー	27	
へ ベーグル	107	
ベーコン	88	
ペットボトル飲料	124	
ほ ほうれん草	23	
干しえび	112	
干ししいたけ	113	
ホットケーキ	108	
ま まいたけ	56	
マッシュルーム	56	
マヨネーズ	119	
マンゴー	74	
み みかん	67	

水菜	20	
味噌	117	
三つ葉	28	
ミニトマト	33	
みょうが	60	
みりん	118	
め メロン	73	
明太子	96	
めんつゆ	119	
も 桃	69	
もやし	52	
や 焼き海苔	114	
焼き麩	112	
山芋	51	
ゆ 柚子	61	
柚子胡椒	119	
ゆで麺	109	
よ 洋菓子	123	
ヨーグルト	102	
り 料理酒	118	
りんご	70	
る ルウ	125	
れ 冷凍食品	125	
レタス	24	
レトルト食品	125	
レモン	75	
れんこん	49	
わ 和菓子	123	
わかめ	112	
わさび	59	

島本美由紀
しまもと・みゆき

料理研究家・ラク家事アドバイザー。
手軽に作れるおいしいレシピを考案。料理だけにとどまらず、家事全般のラク（楽しくカンタン）を追求する「ラク家事アドバイザー」としても活動。冷蔵庫と食品保存のスペシャリストとして、調理の時短テクニックや整理収納アドバイザーの資格も活かした片づけ方法などを紹介。実用的なアイデアが好評を得て、テレビや雑誌を中心に幅広く活躍中。『冷蔵庫超片づけ術』（双葉社）、『おもわず自慢したくなる料理のラクワザ333』（河出書房新社）、『冷蔵庫を片づけると時間とお金が10倍になる！』（講談社＋α文庫）など、著書は25冊を超える。

撮影	椎野 充（講談社写真部）
装丁	村沢尚美（NAOMI DESIGN AGENCY）
本文デザイン	片柳綾子、田畑知香、大津 匠、原 由香里、風里谷めぐみ（DNPメディア・アート）
編集協力	稲田智子

講談社の実用BOOK

ひと目でわかる！ 食品保存事典
簡単！ 長持ち！ 節約！

2015年4月23日　第1刷発行
2015年7月9日　第2刷発行

著　者　島本美由紀
　　　　©Miyuki Shimamoto 2015, Printed in Japan
発行者　鈴木 哲
発行所　株式会社 講談社
　　　　〒112-8001　東京都文京区音羽2-12-21
　　　　編集　☎03-5395-3529
　　　　販売　☎03-5395-3606
　　　　業務　☎03-5395-3615
印刷所　大日本印刷株式会社
製本所　大口製本印刷株式会社

落丁本・乱丁本は購入書店名を明記のうえ、小社業務あてにお送りください。
送料小社負担にてお取り替えいたします。
なお、この本についてのお問い合わせは、生活実用出版部 第二あてにお願いいたします。
本書のコピー、スキャン、デジタル化等の無断複製は、著作権法上での例外を除き禁じられています。
本書を代行業者等の第三者に依頼してスキャンやデジタル化することは、
たとえ個人や家庭内の利用でも著作権法違反です。定価はカバーに表示してあります。

ISBN978-4-06-299825-3